AF554245

Ln 27
23083

ÉTUDE

BIOGRAPHIQUE ET CRITIQUE

SUR

ALBIN THOUREL

ORATEUR, JURISCONSULTE

ET HOMME POLITIQUE.

DIOGÈNE

ÉTUDE
BIOGRAPHIQUE & CRITIQUE

SUR

ALBIN THOUREL

ORATEUR, JURISCONSULTE

ET HOMME POLITIQUE

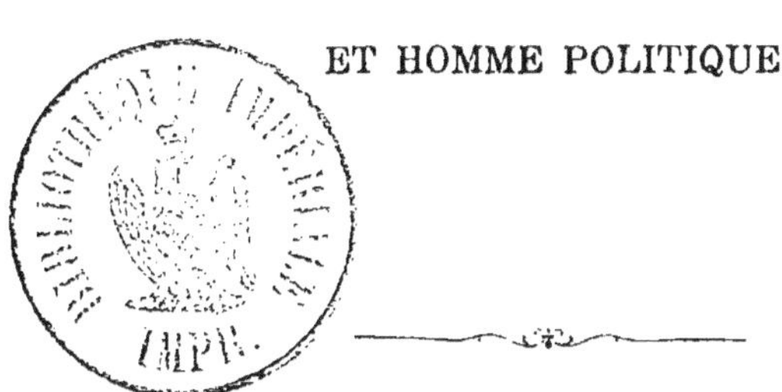

MARSEILLE

TYPOGRAPHIE ET LITHOGRAPHIE H. SEREN

Quai de Rive-Neuve, 3.

—

1867

AVANT-PROPOS.

Peu de jours après la publication dans l'*Echo de Marseille* de la notice biographique sur Me THOUREL, nous reçûmes la lettre que voici :

CHER DIOGÈNE,

Les phrases quelque peu amphibologiques par lesquelles tu annonces qu'en raison de l'absence de cautionnement du journal qui te donne l'hospitalité de ses colonnes, tu n'offres à tes lecteurs qu'un des profils de la physionomie de THOUREL, n'ont satisfait personne. Tu l'as mis sur le lit de Procuste en l'amputant de tout son côté politique... et je ne te le pardonne pas.

Il est vrai que — sous peine de mort — ton journal ne pouvait, même sous forme de biographie, hasarder une panse d'A sur les affaires publiques ou en matière d'économie sociale ; mais un autre moyen s'offre à toi pour réparer cette injustice et combler cette lacune : publie en brochure, en la complétant, ta première biographie.

En tête de ton esquisse si bien réussie de notre célèbre avocat, donne-nous son portrait confié à quelque savant crayon, secoue ta paresse, garnis ta lanterne et fais pénétrer ses rayons jusque dans les moindres replis de son âme ; donne-nous, non pas des appréciations élogieuses, mais des spécimens de certaines de ses plaidoiries dans des causes de nature différente et qui permettent au lecteur de juger par lui-même le genre et le talent de l'orateur.

Cite-nous quelques traits propres à nous révéler son caractère.

Pourquoi n'irais-tu pas plus loin et ne t'élèverais-tu pas jusque à la liberté et à la hauteur de la critique ? Chacun a ses imperfections, et nous avons tous un certain plaisir à reconnaître que les hommes les mieux doués ont, comme nous, leurs défauts et leurs faiblesses.

Courage, Diogène, tu as tout à gagner à répondre à mon appel. — Tu pourrais t'en dispenser s'il s'agissait d'un homme que peu d'entre nous auraient vu et entendu ; mais Thourel, qui ne le connaît ! qui n'est avide de le connaître mieux encore ! qui n'est à même d'apprécier ce que tu en écriras !

Courage, Diogène ; sois vrai, sois juste, sévère même, et le public t'en saura gré.

> UN DE TES ABONNÉS — au nom de bien d'autres et d'un plus grand nombre de Marseillais qui le deviendront peut-être,
>
> **A.**

Diogène ne dit pas que son correspondant anonyme ne soit un homme d'esprit... quoiqu'il paraisse doué de beaucoup de sens ; mais comme, au dire de Boileau,

> Un sot ouvre parfois un avis important,

il a, de ci, de là, écrit, colligé, interrogé, taillé et fait retailler plume et crayon, et il offre à ses lecteurs ce qu'on lui a demandé, c'est-à-dire une véritable biographie de Me Thourel, précédée de son portrait.

Puisse le public trouver son œuvre aussi vraie et aussi fidèle que celle de l'habile dessinateur Ringué.

DIOGÈNE.

ÉTUDE

BIOGRAPHIQUE & CRITIQUE

SUR

ALBIN THOUREL

ORATEUR, JURISCONSULTE

ET HOMME POLITIQUE

I

Nous n'hésitons pas à le proclamer, le nom de Thourel est, à Marseille, le premier dans la classe des orateurs. Il jouit de toute la puissance de sa renommée et nul ne lui conteste une supériorité légitimement acquise dans l'art de la parole.

Sa gloire est établie par des titres nombreux et irrécusables.

Thourel est grand et d'une beauté physique assez remarquable. Sa marche lente se ressent des fatigues de l'esprit. Sa figure est belle, expressive : le front haut, un nez droit et bien dessiné ; ses yeux, encadrés d'épais sourcils, sont d'une vivacité remarquable et réfléchissent l'intelligence dont ils sont le miroir; ses cheveux, jadis rouges, aujourd'hui d'un blond argenté, abondants et frisés à la manière d'Alexandre Dumas, donnent à sa physionomie un cachet de noblesse qui répand un certain charme sur toute sa personne. Sa tête est celle d'un tribun, et, si nous croyions à la métempsycose, nous gagerions que l'âme de Mirabeau anime Thourel.

Voilà l'homme.

Causeur aimable et spirituel, savant jurisconsulte, puissant orateur, Thourel a sa place marquée dans le grand barreau français, où brillent d'un éclat incomparable les Berryer, les Jules Favre, les Crémieux, ces princes immortels de la parole.

C'est que plus d'une fois Thourel a livré à ces géants illustres, qui font l'admiration du siècle, des combats oratoires où il a su cueillir sa large part de lauriers.

Mais n'anticipons pas.

II

Thourel offre, tant au physique qu'au moral, une personnalité essentiellement originale. Depuis longtemps on nous avait demandé sa biographie. Nous n'avons voulu la donner qu'après nous être entouré des renseignements et des documents nécessaires pour rendre notre travail le plus historique et le plus complet possible. Nous espérons y avoir réussi.

Thourel (Albin) est né à Montpellier le 6 octobre 1800. Son père, Thourel (Jean-François), membre fructidorisé du Conseil des Cinq Cents sous la première République, est mort, en 1834, président à la cour de Nîmes et officier de la Légion-d'honneur, laissant la plus belle réputation de savoir, de talent et d'impartialité.

Son frère, Thourel (Léon), procureur général à Nîmes, a pris sa retraite en 1863. Pendant sa longue et difficile carrière, il n'a cessé de donner des preuves de fermeté, d'indépendance et de capacité. Il est commandeur de la Légion-d'honneur.

Albin Thourel a été élevé à la campagne par les soins d'un jeune précepteur et n'a jamais, croyons-nous, fréquenté les écoles publiques. Son excellent père lui donnait aussi quelques leçons de grec, de latin et de droit ; il lui faisait même apprendre par cœur les *Institutes de Justinien.*

Le jeune Albin, doué d'une prodigieuse mémoire, fut bientôt prêt à subir son examen de bachelier et en obtint le diplôme en 1815. Il suivit pendant deux ans les cours de l'Ecole de Médecine et partit ensuite pour aller faire son droit à Aix.

Passant brusquement de la vie de famille à celle de l'école, on le vit partout... hors à la Faculté. A Paris, il ne se montra pas plus studieux. Il revint à Aix et fit de même. Aussi ne parvint-il à subir ses examens et à devenir licencié, en 1823, que par des tours de force mnémoniques.

Sa santé ayant souffert, le jeune Thourel était peu disposé à un travail sérieux. Ses débuts au barreau de Nîmes, tout en révélant chez lui beaucoup d'imagination, portèrent sa famille à juger que, physiquement et intellectuellement, il ne pourrait soutenir avec succès les luttes de la barre.

Thourel revint à Paris sans s'arrêter à la pensée de suivre une carrière déterminée. Il s'essayait dans le journalisme et, à ses heures de loisir, allait entendre nos grands orateurs de la tribune et du barreau.

En 1827, une circonstance fortuite et des relations de société le firent appeler à Bruxelles à l'occasion d'un procès important. Son ardeur juvénile et son dévouement le firent charger de la plaidoirie. Sa qualité de français lui interdisant la parole, le jeune avocat recourut à S. M. Guillaume Ier qui lui accorda une dispense d'études et l'autorisa à passer ses examens à l'Université de Louvain. Il y courut, et dix jours étaient à peine écoulés qu'il revenait avec le diplôme de docteur, après avoir subi sa thèse qui avait pour titre : *De la liberté et de l'égalité des citoyens devant la loi d'après les constitutions française et belge.* Il prêta serment, plaida et... gagna son procès.

De retour à Paris, il commença à s'occuper un peu plus sérieusement de son état — succès oblige — non sans se livrer à des travaux de polémique politique et de littérature.

Nous n'avons que des renseignements assez confus sur sa vie à Paris en 1830. Mais qu'il nous soit permis de rappeler ce que nous racontait avec infiniment d'esprit, il y a peu de temps, un illustre compatriote mort récemment, et que les lettres ont pleuré : (*)

« Albin, nous disait-il, était de tout un peu.
« Aux trois glorieuses (style de l'époque), je le
« rencontrai près de son logis, rue de Chartres,
« 8, ramassant des blessés et rasant des mousta-
« ches sur des têtes qu'il sauvait. Il fut décoré de
« Juillet. Il écrivait dans le *Mouvement*, feuille
« radicale et inspirée par Pagès de l'Ariége. Je
« voyais de lui, aux étalages des libraires, une
« épître à Lafayette, en vers passables, un album

(*) Joseph Méry.

« de jolies romances, musique de Brocard, et il « me condamna à ouïr la lecture d'un vaudeville « spirituel, mais mal bâti... comme Esope.

« En même temps je lisais dans les journaux « judiciaires le compte-rendu des débats d'un « procès important où il portait la parole contre « Me Delangle, et j'apprenais qu'il venait de faire « paraître, sur une des questions les plus graves « du droit commercial, un mémoire si remarqua- « ble que l'arrêtiste Dalloz lui avait fait les hon- « neurs de l'impression dans son recueil (d. p. « 1831, 1, 34).

« J'eus la curiosité de le lire, et je me dis après : « là est sa voie; mais il ne la suivra pas toujours, « et s'il y revient, ce sera par quelque chemin « de traverse. »

On n'eut pas à s'étonner de le trouver, à la fin de 1831, réfugié à Genève. Il y fut reçu avec empressement par cette pléiade d'hommes d'esprit qui avait fondé le *Journal de Genève*, les Chapponnière, les Cougnard, les Petit Senn, les Gosse, les Mayor, les Humbert, etc. Là, il comprit les nécessités de sa position. L'heure des études profondes et des travaux sérieux avait sonné pour lui. Aussi, sans abandonner ses principes ni sa plume de journaliste, s'imposa-t-il quatorze heures de travail quotidien. Il ouvrit des cours publics fort suivis et consacra surtout ses veilles aux trois volumes de sa belle *Histoire de Genève* que l'on trouve souvent citée dans l'ouvrage de notre illustre compatriote Mignet sur la *Réforme*.

En 1834, il concourut pour une chaire de professeur extraordinaire de littérature française à la nouvelle Université de Berne et l'obtint. Dix mois après, il fut nommé professeur ordinaire à la Faculté de Droit et se trouva ainsi placé au degré le plus élevé de la hiérarchie universitaire; lui le plus jeune de ses 48 collègues, à côté des Schnell, des Herzog, des Troxler et de tant d'autres savants de premier ordre.

La maladie grave et mortelle de sa fille unique le ramena en France. Il dut se démettre du professorat et demander à la barre toulonnaise une compensation à la position qu'il avait généreusement sacrifiée à ses devoirs d'époux et de père.

Son début à Toulon offrit quelque chose de bizarre et d'imprévu : visitant pour la première fois le palais de justice, il y avait suivi un sien ami, administrateur des établissements de bienfaisance, qui allait présenter quelques observations, dans un procès important, au profit de l'œuvre, contre un des juges du siége. — Pendant la plaidoirie de l'avocat adverse, Thourel communiquait ses impressions à son ami et lui indiquait les moyens de la réfuter victorieusement. — Celui-ci, frappé de la justesse de ses arguments, lui proposa d'endosser la robe et de plaider lui-même la cause des pauvres.

Thourel n'eut garde de refuser. Il reparut en costume, le dossier à la main, se fit présenter au tribunal et plaida si brillamment et si complétement sa cause — excellente d'ailleurs — que M. Vaïsse, alors procureur du roi à Toulon, et le tribunal tout entier en furent frappés.

A la suite de ce singulier début, une délibération spéciale le fit avocat honoraire des établissements charitables.

Malgré les préventions que certains esprits étroits avaient cherché à soulever contre lui à cette occasion, le succès le plus complet couronna ses efforts et fut suivi de bien d'autres.

Pendant sa belle et fructueuse postulation de 1838 à 1850, deux fois il fut élu bâtonnier de l'Ordre.

Après la révolution de Février, il devint conseiller municipal et membre du conseil général du Var.

Il occupa dans ces deux assemblées une place éminente. C'est à l'énergie de Thourel que l'on doit le maintien de l'école normale de Draguignan malgré l'avis de la commission.

Répondant avec le plus complet désintéressement à l'appel des accusés dans la grande affaire de l'insurrection de Marseille, cités à comparaître devant la cour d'assises de la Drôme, il alla s'installer à Valence pendant les deux longs mois que durèrent ces débats. Il y dirigea la défense avec le talent le plus remarquable. L'avocat ne fut jamais mieux inspiré, car son éloquence eut le don d'émouvoir et de convaincre. Nous reviendrons sur cette plaidoirie.

Il avait échoué dans sa candidature pour l'Assemblée nationale, sans en être découragé ni affligé.

En 1850, il vint s'établir à Aix où il marqua bientôt sa place parmi les avocats les plus distingués de cette barre si riche en grands talents ; il nous suffira de nommer les Guieu, les Tassy, les Arnaud, les Roux.

Malheureusement, ses ardentes plaidoiries dans les affaires politiques, et ses rapports avec les hommes les plus remarquables du parti avancé, le compromirent dans l'affaire dite du complot de Lyon qui se déroula devant le conseil de guerre. Deux ans d'emprisonnement préventif ou répressif ne le rendirent à la liberté qu'en août 1852, et à la barre qu'en décembre de la même année.

Sa postulation fut alors laborieuse et des plus brillantes. Il plaida devant les cours d'Aix, d'Alger, de Bastia et devant nos autres cours du midi, une infinité de belles et grandes affaires civiles et criminelles où il put déployer son talent sous toutes ses faces et conquérir une position de fortune tout à fait indépendante.

Depuis 1863, Thourel s'est établi à Marseille pour ne se livrer qu'exceptionnellement à la plaidoirie.

Aux dernières élections législatives, Thourel était candidat dans le département de Vaucluse, en concurrence avec M. Pamard ; il succomba, mais avec une minorité de plus de neuf mille voix. Il est entré par deux élections successives au conseil municipal de Marseille.

Voilà à grands traits le bilan de la vie publique d'Albin Thourel.

Ce qu'il y a d'étonnant dans cette personnalité, c'est qu'elle possède au même degré deux qualités qui de prime abord semblent s'exclure : l'éloquence et la poésie, la force et la grâce.

Saluons ce glorieux vétéran des luttes de la barre dont la parole ardente excite la plus profonde admiration.

Nous avons vu et entendu Thourel dans la plénitude de son talent un jour qu'il employait les ressources de sa riche éloquence à sauver du bagne, de la mort même, un homme, un malheureux égaré par les passions, et dont une cause fatale, ignorée, avait armé le bras.

Voyez, dans ce noir cachot, cet accusé chargé du poids de tous ses crimes, se jugeant et se condamnant lui-même au tribunal de sa conscience. On recule épouvanté à la vue de ce misérable. Voyez, par la pensée seulement, et dans une solitude absolue, affreuse, le parricide, cette nature féroce, abêtie, qui n'a jamais respiré que l'air malsain du vice. Voyez-le taire ou confesser sa faute à son défenseur. Mourir ou ne pas mourir, le désespoir ou l'espérance !

Le jour de l'audience arrive. Thourel est à la barre ; il vient prêter à l'ange déchu le secours de sa voix puissante, mais toujours loyale. S'il ne peut triompher, du moins détournera-t-il de la tête de l'accusé le coup qui la peut faire tomber. Il a sondé jusqu'aux plus secrets replis de la conscience du malheureux ; il a jugé tous ses actes ; il a su découvrir les moindres circonstances favorables, reconnaître les irrésistibles entraînements qui peuvent avoir détruit ou amoindri la liberté de sa volonté, et alors, avec sa profonde connaissance du cœur humain, sa parole pittoresque, logique, entraînante, servie par un organe sonore, vibrant et sympathique, il arrive à s'emparer de l'esprit et du cœur de son auditoire et de ses juges,et à obtenir des résultats vraiment inespérés. C'est que l'éloquence — inspirée par la conscience agissant dans sa force et dans sa liberté — a le don d'imprimer dans l'âme des autres ces sentiments nobles et généreux dont nous sommes nous-mêmes pénétrés ; mais ce talent ne s'acquiert pas, Dieu le donne, et l'on ne peut être éloquent si l'on n'est honnête homme, *Vir bonus, dicendi peritus*, et si l'on n'a du cœur, *pectus facit disertum.*

Aussi remarquâmes-nous alors ce que l'on signale chez Thourel. Dans les causes civiles les plus ardues, dans les causes criminelles les plus désespérées, il se fait une loi de ne jamais altérer la vérité des faits, méconnaître les éternels principes du droit, ou heurter la conscience publique.

Tel est le secret de l'autorité de sa parole qui lui fit obtenir, dans cette circonstance, l'atténuation de la peine de son client, et dans cent autres un complet acquittement.

Puisque notre plume est impuissante à reproduire fidèlement les plus belles plaidoiries de Thourel, dont nous citerons tout à l'heure quelques passages de genres divers, nous nous bornerons à résumer ici l'idée générale que leur audition nous a donnée de son talent.

Thourel est correct et tour à tour simple et sublime ; mais ce qui ne peut se faire passer dans l'esprit de ceux qui n'ont point entendu le *lion rugir lui-même son discours*, c'est l'étonnante fécondité de son intelligence, la grandeur des pensées, la noblesse de l'expression, le feu, l'action de sa physionomie, le son de sa voix, c'est enfin l'âme de sa parole qui éblouit et vous tient comme suspendu aux lèvres d'où s'échappent ces flots d'éloquence qui charment l'oreille et touchent le cœur.

Les pensées les plus élevées surabondent dans les écrits ou les discours de Thourel.

Mais rien ne peut donner une idée du langage imagé, saisissant, pittoresque, qui est le propre de son talent ; un volume ne suffirait pas pour relater les principales affaires où l'éminent avocat a porté la parole. Si, comme on l'a écrit, on ne saurait faire de plus complète histoire d'un homme de guerre qu'en racontant ses batailles, ni de meilleure biographie d'un écrivain ou d'un artiste qu'en parlant de leurs ouvrages, de même il est indispensable pour peindre l'avocat d'entretenir ceux qui nous lisent de certaines de ses plaidoiries civiles, criminelles et politiques qui pourront leur permettre, — à l'action près, — de juger le logicien, l'orateur et le tribun.

III

THOUREL DANS LES CAUSES CIVILES

La postulation de Thourel à Toulon a été singulièrement favorable au développement de ses facultés et à l'emploi discret et utile de ses connaissances acquises dans la chaire duprofesseur.

Pendant les premiers temps, on lui reprochait, non sans raison, d'adopter des formes doctorales et pédagogiques, de s'irriter de la contradiction et de ne pas assez tenir compte des faits et des tempéraments qu'une suprême équité apporte parfois à la rigueur des principes.

Des plaidoiries quotidiennes dans les affaires civiles et commerciales l'eurent bientôt corrigé. Dans la grande affaire Flamenc — où se trouvaient engagés un immense intérêt pécuniaire, l'honneur d'une famille, et des questions d'Etat et de Droit nombreuses et ardues, — il se montra dans tout l'éclat d'un talent dont l'expérience et l'observation avaient singulièrement accru la puissance.

Dans ces conditions, il aborda, en 1850, la barre civile d'Aix où tant et de si rudes athlètes allaient lui disputer le terrain.

Là aussi il eut certaines imperfections à corriger : on relevait chez lui une étude trop peu patiente des dossiers et un défaut d'ordre dans la discussion. On eût d'ailleurs voulu qu'il plaidât comme ses plus habiles devanciers et ses rivaux les plus redoutables.

De ces conseils, il écouta seulement les bons et fit bien, car il conserva le caractère original de son talent, la hardiesse de son langage, la portée philosophique de sa pensée, la sûreté de ses principes et l'entraînante virilité de son improvisation.

Pour apprécier Thourel, il faudrait successivement l'avoir entendu à Bastia — affaire des forêts de la Corse ;

A Nimes — affaire Roux, séparation de corps ; Théryc — opérations de bourse.

A Montpellier — affaire Jonquier contre les syndics Ranscelot — Laurens contre les syndics Avanzini.

A Aix dans celles :

L. C. contre veuve C (nullité de mariage) ; Amayen et Julien contre Venture (nullité de testament) ; Alléon contre Stiepovich (nullité de contrat de mariage) ; Gauthier frères contre le capitaine Durham (abordage de l'*Adriatic* et du *Lyonnais* ;

Le Medjidié et le pacha d'Egypte contre Reynaud et Ce, de Cette.

La société financière d'Egypte contre Escarras-Cassis (nullité de société).

Les membres du conseil de surveillance Zangronitz et Cie contre les syndics et les créanciers.

Belles et grandes causes où il eut pour adversaires les Payan, les Crémieux, les Jules Favre, les Aicard, les Guieu, les Boyer, etc.

A Marseille — il y a quatre ans — le roi d'Italie contre l'ex-roi de Naples.

Tous nos lecteurs ont gardé le souvenir de ces deux audiences où Thourel eut pour adversaire Berryer, le roi de la barre.

Citer le nom du plus grand de nos orateurs modernes, c'est dire combien la tâche de l'avocat marseillais était difficile. En rendant compte de ces débats, Petit-Jean, dans un article très-remarqué, écrivit ces mots : *Eschine peut se consoler d'avoir été vaincu par Démosthène.*

Le 5 novembre dernier — dans une affaire de séparation de corps plaidée contre Me Crémieux, — la cour d'Aix a pu reconnaître que les années n'avaient rien enlevé à la puissance de son talent.

De toutes ces plaidoiries et des mille autres qu'il a prononcées, nous n'avons pu retrouver dans les journaux que des lambeaux décousus ou des comptes-rendus incomplets.

Nous avons été plus heureux dans deux affaires. — Nous allons citer quelques passages des improvisations sténographiées de Thourel — Elles permettront aux lecteurs de le juger comme dialecticien et comme jurisconsulte. Sous les autres rapports, il faudrait tout citer.

Il plaidait à Aix, il y a six ans, contre Me Crémieux, sur renvoi de la cour de cassation, une cause des plus intéressantes à tous les points de vue.

Un sieur Cosman — quelques heures avant de se suicider — avait fait un testament olographe, aux termes duquel il déclarait reconnaître pour sa fille naturelle la mineure Marie-Louise Ayma, et instituer pour son héritier universel Léon Berr. Il laissait une opulente succession.

Bien que la famille et l'héritier eussent verbalement et par correspondance reconnu la qualité de la mineure, Léon Berr se ravisa et attaqua la reconnaissance comme nulle, pour n'avoir pas été faite par acte public. — Cette nullité avait pour effet d'enlever à Marie-Louise Ayma ses droits à la succession Cosman.

Le tribunal de Constantine la prononça. Mais sur une éloquente plaidoirie de Me Crémieux, la cour d'Alger, tout en déclarant la reconnaissance nulle, y trouva les caractères d'un legs de la moitié de la sucession, d'après l'intention du testateur.

La cour suprême — sans se préoccuper du fond — ayant cassé cet arrêt sur le motif que le tuteur de la demoiselle Ayma n'avait pas été autorisé par le conseil de famille à relever appel, la cause revenait entière devant les chambres réunies de la cour d'Aix.

La plaidoirie de Me Crémieux fut très-remarquée, et à juste titre. Il avait été heureusement inspiré par l'intérêt qui s'attachait à sa jeune et belle cliente, et par le souvenir de son triomphe devant la cour d'Alger.

Thourel, après avoir exposé les faits avec beaucoup d'art, pour rejeter tout l'odieux du procès sur l'exécuteur testamentaire, tuteur de Louise Ayma, lequel avait cherché à faire passer ses propres intérêts avant ceux de sa pupille, et après avoir victorieusement établi la nullité absolue de la reconnaissance de Marie-Louise Ayma, s'exprima ainsi :

« Venons à l'unique question du procès puisque la validité de la reconnaissance est insoutenable et à peine soutenue.

« Je la pose ainsi :

« La disposition suivante du testament de feu Elie Cahen-Cosman :

« *Je reconnais Marie-Louise Ayma pour ma fille naturelle*, peut-elle être interprétée, en raison de son texte, de l'intention présumée du testateur et de l'ensemble du testament, comme la formule d'un legs au profit de la mineure ?

« On vous l'a dit, il s'agit de l'interprétation d'un acte de dernière volonté.

« Il est bon de s'entendre sur les principes dont, et pour cause, mon contradicteur s'est peu préoccupé.

« Nous arrêtons notre adversaire au premier mot.

« Il n'y a pas lieu à interprétation quand la clause est claire, et manifeste une volonté bien déterminée.

« *S'il n'y a nulle ambiguïté dans les termes*, dit la

loi 25 au Digeste, § 1 *(de legatis)*, *on ne peut admettre la question de volonté.*

« La loi 69 ajoute : *Il ne faut s'écarter de l'acception ordinaire des mots que lorsqu'il est certain que le testateur a voulu autre chose.*

« Tous les auteurs sont d'accord, le droit d'interprétation des cours et tribunaux ne peut s'exercer et se mouvoir que dans les limites qui séparent la clarté absolue et l'obscurité complète.

« Votre sagesse a consacré ce principe dans un arrêt dont je veux rappeler quelques mots :

« Il serait contraire, disiez-vous, à toutes les « régles reconnues et consacrées, relatives aux « testaments et à l'essence même de ces actes, « d'admettre que, dans le cas où le testateur « n'aurait exprimé que la volonté vague d'avan- « tager une personne, on pût interpréter cette « volonté, en indiquant un objet non désigné « dans le testament ; la mission du juge est cir- « conscrite dans de justes bornes, dont il ne « pourrait s'écarter sans de graves inconvénients. « Il doit *sanctionner les intentions légalement expri- « mées*, et assurer ainsi la transmission des biens « donnés, mais jamais il ne saurait être qu'il « puisse suppléer au défaut d'une volonté assez « explicitement manifestée. »

« Qu'ajouterais-je à ces motifs qui semblent commander l'assentiment de mon honorable ami. (On rit).

« Forcé de s'incliner devant ces principes et pour vous attirer sur le terrain dangereux de l'interprétation, on a osé vous dire qu'en ces matières vous étiez souverains; que, quelque hardie que pût être votre appréciation des volontés d'un testateur, elle échapperait à tout contrôle. Et l'on a pu penser que vous voudriez rendre la justice, appliquer les lois et juger les actes, diversement, suivant que la Cour suprême aurait ou non le droit de connaître de vos sentences! On a tout aussi étrangement méconnu votre caractère que la haute mission de la Cour suprême. Vous n'avez jamais mis en oubli cette maxime si profonde: *optima lex quæ minimum judici, optimus judex, qui minimum sibi.* Vous savez que le magistrat s'honore et s'élève alors qu'il reste maître de soi, esclave de la loi, et que le plus grand malheur qui pût nous atteindre serait de voir l'arbitraire trouver aussi place dans l'administration de la justice. (Sensation profonde).

« Cette inviolabilité que l'on promet à vos arrêts leur serait-elle assurée ? Non ! non !

« Assurément la loi ne prescrit pas de termes sacramentels pour la manifestation de la volonté de l'homme qui dispose de ses biens, mais elle indique les caractères nécessaires et essentiels de ces sortes d'actes. Si le juge ne les rencontre pas dans les termes du testament et s'avise d'y reconnaître, par voie d'interprétation, ce qui n'y est pas nettement exprimé, il viole la loi et s'expose à voir sa sentence anéantie par le pouvoir supérieur, institué pour la faire respecter.

« Attendu, dit la Cour de cassation (arrêt du « 15 juillet 1835), que toutes les fois que la loi « détermine les caractères distinctifs d'un acte, « les arrêts qui, tout en constatant en fait ces

« mêmes caractères, les méconnaissent, en en « faisant résulter un acte différent de celui ca- « ractérisé par la loi et voulu par les parties, vio- « lent ouvertement non-seulement les disposi- « tions du contrat, mais encore celles de la loi et « tombent sous la censure de la Cour. »

. . . .

« Elle a cassé avec la même rigueur l'arrêt dans lequel une Cour avait refusé de voir *un legs* dans une clause d'un testament dont la nullité était demandée, en raison du degré de parenté qui unissait deux des témoins instrumentaires au légataire, par ce motif que :

« Quel que soit le pouvoir des juges du fait pour interpréter les clauses contenues dans un testament, il appartient à la Cour de cassation d'examiner si l'interprétation donnée à ces clauses n'en a pas dénaturé le sens et n'a pas méconnu les effets légaux qu'elles devaient produire. (Cass., 4 août 1851).

« Et l'on voudrait que la Cour suprême n'eût pas le droit de rechercher si, dans un testament, sous prétexte d'en interpréter les termes et d'y découvrir les intentions du testateur, une Cour n'aurait pas trouvé un legs valable, arbitrairement suppléé, dans la formule d'une reconnaissance nulle, et partant sans effet !!!

« Non, la Cour de cassation ne se laisse pas ainsi désarmer. Permettez-moi de vous citer, dans sa récente jurisprudence, un exemple qui ne manque ni de portée, ni d'à-propos, car il s'agissait dans l'espèce d'enfant naturel, de reconnaissance et de légataire universel.

« Attendu, dit la Cour, que l'arrêt se fonde, en « second lieu, sur ce qu'il résulte, soit du testa- « ment, soit des documents des procès, que la « fille Bailly a entendu laisser à son enfant « naturel toute la partie de sa fortune dont elle n'a « pas entendu disposer, et exclure ses frères et « sœurs légitimes ; mais que, sans qu'il soit be- « soin d'examiner quel eût été, en droit, le mérite « d'une telle disposition, si elle eût été faite, il « est constant que le testament ne contient que « le legs et la reconnaissance au profit d'Emilie « Rombaud, et qu'il n'est pas permis aux tribu- « naux de créer, à l'aide de présomptions et d'in- « terprétation de volonté, *des dispositions* et des « exclusions qui ne sont pas *écrites* dans un testa- « ment, et de changer ainsi l'ordre légal des suc- « cessions....... casse. » (Cassation, 19 novembre 1859.)

« Je viens aux règles d'interprétation des testaments dans leurs rapports avec la loi.

« La faculté de tester a sa raison philosophique dans un double sentiment, celui de la propriété et celui de la liberté de volonté, qui constitue la moralité et la dignité de l'homme. La famille et la société protestent à la fois contre le droit qu'il s'arrogerait de disposer après soi de tous ses biens, sans tenir compte des liens du sang et des intérêts de l'Etat. De là, cette transaction qui, après bien des luttes dont les lois romaines et les institutions aristocratiques des temps intermédiaires nous ont laissé la trace, s'est produite dans nos lois.

« Un départ bien tranché s'est établi entre

la portion de ses biens laissée au libre arbitre du citoyen, et celle dont la loi dispose au profit des ascendants et des descendants.

« Quotité disponible, réserve, voilà deux sortes d'attributions de biens que leur nature ne permet pas de confondre, puisque l'une est personnelle et volontaire, et que l'autre est légale et forcée.

« Lorsqu'il sagit d'interpréter un testament pour savoir s'il contient un legs, avant de s'occuper du légataire ou de l'objet légué, il faut tout d'abord chercher une disposition volontaire de biens, car telle est la condition essentielle du legs.

« Il nesuffira pas, comme on l'a fait, de s'écrier : c'est la volonté du testateur seule qu'il faut consulter, *uti voluerit testator*, *ita lex esto*.

« Les lois anciennes et les lois modernes exigent que cette volonté soit exprimée, et elles nous donnent les caractères essentiels et nécessaires des legs.

« La loi des Douze Tables qu'on a citée ajoute : *Uti legassit*, *super pecunia*, *tutelave rei suæ*, *ita lex esto*.

« Le digeste définit le legs : *Donatio quædam a defuncto relicta ab hærede præstanda*.

« Et encore : *Mera liberalitas*, *nullo jure cogente*.

« En d'autres termes, une libéralité purement volontaire et spontanée.

« L'idée de réserve est donc exclusive de l'idée de legs, et réciproquement. Pour qu'il y ait legs, il faut lire dans le testament une attribution faite au légataire de tout ou partie des biens, laissés par la loi, à la libre disposition du testateur.

« Les articles 895, 1003 et 1010 définissent le testament et legs dans les mêmes termes ; ils ne précisent aucune expression sacramentelle, mais exigent la disposition des biens pour le temps où le testateur n'existera plus.

. . . .

« Enfin, et ceci n'a pas besoin de démonstration, la reconnaissance d'un enfant naturel déclarée nulle lui fait perdre non-seulement sa réserve, mais encore tout droit à des aliments, ces droits n'étant qu'une conséquence de sa qualité.

« Attendu, dit la cour de Rouen, dans son re-
« marquable arrêt du 18 février 1809, que le ma-
« gistrat, pénétré de l'esprit et de la lettre de la
« loi, ne peut voir que ces deux vérités si solen-
« nellement proclamées par elle : 1° que l'enfant
« naturel n'est rien au père qui ne l'a pas léga-
« lement reconnu ; 2° que là où la filiation na-
« turelle manque, il ne reste aucun titre, aucun
« lien, aucun devoir qui oblige la succession de
« l'un envers l'autre qui lui est étranger. »

« Cela me sert de réponse aux motifs prétendus juridiques de l'arrêt de la cour d'Alger, que mon honorable contradicteur vantait tout à l'heure sous le triple rapport des principes, de la profondeur et du style.

« Conséquente dans l'application de ce principe, que la reconnaissance nulle est considérée comme n'existant pas, la jurisprudence admet que si, dans le même testament, il existe, en faveur de l'enfant, une disposition de biens dépassant les limites des articles 758 et 908, elle devrait recevoir sa complète exécution, cet enfant n'étant qu'un étranger aux yeux de la loi. On l'a même ainsi jugé au profit d'enfants adultérins, dont la reconnaissance était nulle de plein droit.

« La conséquence nécessaire de l'annulation d'une reconnaissance d'enfant naturel, c'est de la tenir pour effacée de l'acte qui la contient.

« Ces principes établis, ma discussion sera brève et décisive.

« Voici mes propositions :

« 1° Le testament de feu Cosman ne contient pas de legs en faveur de Marie-Louise Ayma ;

« 2° En l'état des dispositions de ce testament, il n'y a pas de legs possible pour la mineure ;

« 3° Ce testament contient une reconnaissance de la mineure, incompatible avec l'idée d'un legs à son profit.

« Cherchons d'abord le legs dans la clause où l'on veut le chercher.

« *Je reconnais Marie-Louise Ayma pour ma fille naturelle.*

« Y a-t-il là une syllabe qui indique une disposition de biens ?

« L'intention du testateur est manifeste, il veut reconnaître sa fille, et il formule cette volonté dans les termes les plus clairs et les plus précis.

« Que cette reconnaissance se trouve dans un acte séparé ou dans un testament, qu'importe ? Il y a une reconnaissance et pas autre chose. Cette autre chose serait nécessaire pour qu'il y eût un legs, et c'est ce qu'indique fort bien M. Duranton dans le passage qu'on a cité, lorsqu'il dit :

Il y aura toujours quelque disposition de biens. S'il n'y en pas, la Cour ne peut se croire en droit de la suppléer.

« Assurément le testateur croyait reconnaître valablement la jeune Ayma et la placer sous la protection de la loi, qui lui assurait, à ce titre, une réserve indivisiblement attachée à sa qualité, mais évidemment il ne lui léguait rien, comme étrangère, et si la reconnaissance est nulle, les droits qui en dépendent tombent avec elle. Cela se produit toujours ainsi quand l'acte de bienfaisance est annulé pour vice de forme ou par toute autre cause, bien que l'intention du disposant soit hors de contestation. Aussi votre arrêt, déjà cité, déclare-t-il que les tribunaux n'accordent leur sanction qu'aux volontés *légalement exprimées*.

« On prétend faire surgir le legs de l'harmonie des trois phrases du testament.

« Legs universel du disponible à Léon Berr ;

« Reconnaissance de Marie-Louise Ayma ;

« Exécution testamentaire à David.

« Sans doute feu Cosman, sachant sa mère absente et celle qu'il reconnaissait en état de minorité, voulait investir son associé du mandat de leur faire attribuer à l'une et à l'autre la réserve à laquelle il les réduisait par le legs universel fait à son bien-aimé neveu, et que la loi leur attribuait indépendamment de sa volonté ; mais où trouve-t-on dans cet ensemble de dispositions l'attribution volontaire d'une partie des biens disponibles à Marie-Louise ?

« Cela n'empêche pas nos adversaires d'y trouver un legs double de la réserve !!!

« Notre seconde proposition se justifie de soi.

« Dès le moment où le testateur attribuait tout le disponible à Albert-Léon Berr, il n'y avait plus de legs possible, car il s'était dépouillé de tout ce que la loi laissait à sa volonté, et ne laissait aux autres que leur réserve. Il eût fallu, pour enlever quelque chose au legs universel, une disposition bien formelle, et elle n'existe pas.

« Notre contradicteur ne se laissait-il pas entraîner tout à l'heure à révéler cette étrange confusion entre le legs et la réserve, lorsqu'il s'écriait :

« Et l'on oserait soutenir que ce père n'a pas « voulu *léguer* à son enfant la part qu'*une loi* pro-« tectrice lui *réserve !* »

« Notre dernière proposition est tout aussi évidente.

« Un legs étant une disposition volontaire de biens, et étant par là même le contraire de la réserve, ou du moins une attribution d'une tout autre nature, puisqu'elle est indépendante de la volonté de l'homme, la reconnaissance pure et simple qui, valable, assurerait une réserve à la mineure reconnue, est exclusive de l'idée d'un legs.

« Dans le testament du défunt, il n'y a pas de legs ;

« Il ne peut pas y avoir de legs ;

« Il y a le contraire d'un legs.

. . . .

« Vous allez donc déclarer par un arrêt unanime

et solennel que la reconnaissance de Marie-Louise Ayma, nulle d'ailleurs, ne peut être considérée comme la formule d'un legs dont vous auriez à déterminer arbitrairement la quotité, et cela parce que vous vous devez à l'application des lois qui règlent l'état des citoyens et l'ordre des successions, et que vous n'êtes appelés à faire respecter les intentions d'un testateur que lorsqu'elles sont légalement exprimées.

. . . .

« D'après les faits que j'ai dû rappeler, vous avez pu juger que, sans y être astreint par rien, Albert-Léon a spontanément donné à la jeune Marie-Louise Ayma une somme à peu près égale à celle que lui eût assurée la validité de sa reconnaissance ; et que, sans la fatale intervention d'Elie David et de Léon Cosman, il eût été entraîné bien plus loin par ses instincts généreux.

« Ceux-là même qui avaient reconnu avec lui que la jeune orpheline était sans droit au nom et aux biens de son père, l'ont ensuite convié à une lutte acharnée par eux entreprise, pour faire déclarer nul le testament qu'ils avaient exécuté, et valable la reconnaissance qu'ils avaient volontairement annulée. Il a dû se défendre parce que son honneur y était engagé, et qu'il avait à se laver des infâmes accusations portées contre lui.

« Dès que votre arrêt y aura pourvu, il se rappellera, croyez-le bien, les devoirs que les bienfaits et le pieux souvenir de son oncle imposent à sa conscience envers Marie-Louise Ayma. Il saura la protéger mieux que le tuteur infidèle, que la volonté du défunt et la loi avaient préposé aux soins de ses intérêts. Votre justice aura fait tomber la barrière qui le séparait d'elle ; et qui nous dit qu'il ne réalisera pas, dans un prochain avenir, les vœux secrets de celui à qui il doit tout ?

« Comme nous, vous aurez foi dans la loyauté et dans le cœur d'Albert-Léon Berr, et cette espérance vous rendra moins pénible la rigueur nécessaire de votre arrêt. (Mouvement général d'approbation). »

Le journal Aixois ajoute :

« Nous n'avons pas besoin de dire l'émotion qu'a produite cette plaidoirie, dans laquelle Me Thourel s'est montré jurisconsulte éminent, puissant dialecticien et souvent orateur. Ce qu'on a surtout remarqué, c'est l'art infini avec lequel il a su placer en dehors du débat l'intéressante orpheline, et rejeter sur d'autres personnages l'odieux qu'avec tant d'énergie et d'habileté Me Crémieux avait versé à flots sur le front d'Albert-Léon Berr. »

Maintenant que nos lecteurs ont pu apprécier Thourel dans la discussion d'une question de droit, à l'occasion de laquelle, malgré ses éloquents efforts, l'intérêt moral se portait irrésistiblement sur l'orpheline, bien qu'elle dût succomber, nous allons prendre d'autres exemples dans le compte-rendu imprimé d'une autre grande affaire qu'il fut appelé à plaider le 24 novembre 1861 devant le tribunal civil de Carpentras.

Bérard, riche propriétaire de Monteux, avait vécu longtemps heureux et tranquille dans le sein de sa famille. Bon époux et heureux père, il semblait n'avoir rien à désirer, quand, à la suite d'un procès correctionnel sans gravité, il parut affecté au point de ne plus conserver sa pleine raison. Sa femme, âgée de près de soixante ans, devint l'objet de ses soupçons. De là, des scènes de violence et de désespoir, le départ précipité de Bérard, sa retraite dans une maison religieuse, des lettres délirantes, des menaces de suicide, enfin une série d'excentricités qui alarmèrent sa famille.

Le mariage de sa plus jeune fille le ramena au logis et à la raison, mais l'annonce d'une demande en interdiction que sa femme et ses enfants se proposaient de former contre lui, l'exaspéra de nouveau. Il résolut alors d'aliéner ses biens; ce qui hâta les résolutions de sa famille, et la demande fut formée, après les préliminaires obligés des comparutions, interrogatoires, etc.

Bérard crut reconnaître des préventions dans l'esprit des magistrats de Carpentras, et, poussé par un agent d'affaires, il fit imprimer et publier contre eux des mémoires diffamatoires dont le style et les plus fâcheuses inspirations ne lui appartenaient pas, comme la justice l'a reconnu depuis.

C'est dans ces circonstances si difficiles que Thourel eut à défendre Bérard devant le même tribunal contre Me Barret, avocat des plus distingués et jouissant, à juste titre, de l'estime publique et de la confiance des magistrats.

La plaidoirie de cet éminent jurisconsulte

avait produit un effet considérable, et un intérêt immense s'attachait à celle de Thourel, en raison même des difficultés de la cause.

Voici comment il aborda son sujet.

Il débuta en ces termes :

« Messieurs,

« Cet homme qui a atteint et dépassé aujourd'hui sa soixantième année, dont le front est couvert de cheveux blancs, qui, jusqu'à ce moment, a eu une vie exemplaire dans la cité, dans la famille ; cet homme qui, par une fatalité inexplicable avec son caractère et dans sa position, a éprouvé un humiliant échec judiciaire cruellement rappelé, est maintenant défendeur à une action qui le menace comme homme, comme père, comme citoyen. Le sceptre de la famille, dont il est si jaloux, serait brisé dans ses mains ; dans son pays, ayant conscience de ses devoirs et de ses droits, il serait rayé du nombre des citoyens actifs, et, disons-le, du nombre des hommes, car la folie emporte l'homme tout entier. Tuteur de ses enfants qu'il a tant aimés et qu'il aime tant encore, il courberait son front découronné sous leur tutelle.

« En présence de cette action, nous avons tous compris l'amertume qui débordait de son âme intelligente et sensible et qui, se trahissant ici par son émotion, par ses protestations et par ses larmes, donne un solennel démenti à sa prétendue démence. Ah ! que nous sommes loin des temps de Noé lorsque ce patriarche, surpris par une ivresse inconnue, livrait sa nudité aux rayons du soleil et aux yeux de ses enfants, ceux-ci, détournant la vue et s'avançant à reculons vers lui, le couvrirent pieusement de leur manteau, voile jeté sur l'oubli involontaire et passager de l'auteur de leurs jours ! — Après tant de siècles écoulés, quelle dépravation ! Les enfants de Bérard viennent audacieusement, sous le vain prétexte de protéger sa folie, dévoiler à la justice, devant le peuple assemblé, les torts et les faiblesses de leur père, sans prendre le moindre souci des atteintes que son honneur et celui de leur nom pourraient recevoir dans ces scandaleux débats.

« Ce rôle, ils en comprennent toute la hideur ; vainement repoussent-ils ce nom d'adversaires, d'ennemis de leur père ; vainement leur habile et éloquent défenseur a-t-il cherché à prendre pour lui la lourde responsabilité de l'attaque : *ménagez notre père*, s'est-il écrié ; *telle a été la pressante recommandation de mes clients ; mais mon devoir d'avocat m'impose de ne rien ménager pour faire triompher leur cause, — et je ne ménagerai rien*, *dussé-je affliger Bérard*, *s'il peut me comprendre.*

« Ne nous arrêtons pas à de tels artifices de langage, l'action est impie et injuste à la fois ; les mariés Gilles ont instruit et armé leur avocat, dont nous estimons trop le caractère et le talent pour le supposer capable, en semblable matière, d'aller au-delà du mandat reçu et des instructions données. — Il les couvre de sa générosité, laissons-lui en le mérite, et à eux la honte d'en avoir besoin. »

Après cet exorde, Thourel esquissa l'ensemble des faits de la cause et examina au point de vue philosophique le plus élevé les caractères généraux de la démence, de l'imbécilité et de la fureur dont nos lois ont fait des causes d'interdiction. — Bientôt, descendant de ces hauteurs, il en rechercha la définition juridique dans les travaux préparatoires du Code Napoléon, et continua ainsi :

« L'homme, devenu majeur, disait le tribun « Emery, n'est pas à l'abri de tous les maux qui « fondent trop souvent sur sa frêle existence; soit « erreur de la nature, soit maladie, tous ses or- « ganes, toute la symétrie de son être, toutes les « habitudes de son corps se trouvent parfois dans « un état de contraction ou d'affaissement. — « Son esprit ne se prête qu'à des conceptions dé- « sordonnées; il ne peut plus administrer sa « personne ni ses biens; il devient même pour « tous ses concitoyens un objet de pitié, de déri- « sion ou de crainte; il doit être interdit s'il « demeure habituellement dans cette pénible et « douloureuse position. »

« Ce n'est pas sur quelques actes isolés qu'on « s'avisera jamais de décider qu'un homme a « perdu *le sens et la raison ;* telle est la triste con- « dition de l'humanité que le plus sage n'est pas « exempt d'erreurs. — Mais lorsque la raison « n'est plus qu'*un accident* dans la vie de l'homme, « lorsqu'elle ne s'y laisse apercevoir que de loin « en loin, tandis que les actions et les paroles de « tous les jours sont les paroles et les actions d'un « insensé, on peut dire qu'il existe un état ha- « bituel de démence. »

« La doctrine des commentateurs les plus autorisés n'a pu rien ajouter à la netteté de ces aperçus, à la clarté de ces règles. — Demolombe lui-même, qu'on a cité, malgré sa théorie quelque peu hasardée sur le libre arbitre et sur l'interprétation extensive de l'art. 489, ne professe pas au fond une autre opinion que les immortels et sages auteurs de nos codes.

« Que sont, auprès du texte et de l'esprit de notre loi, les systèmes des aliénistes modernes qu'on vous a cités?

« Nous le savons, après Hippocrate, Gallien et Arétée, qui n'ont trouvé que de trop tardifs continuateurs, Pinel d'abord, Esquirol ensuite, ont adopté et mis en lumière d'autres classifications des maladies mentales. — Nous avons eu la *mélancolie* de Pinel, plus tard la *monomanie* d'Esquirol, et bientôt de nombreuses espèces des genres indiqués ; — puis sont venus les Leuret, les Georget, les Moreau, qui, suivant des routes diverses, ont agrandi à cet endroit le domaine de la science moderne ; leur plus beau titre de gloire n'a pas été de multiplier le nombre des personnes qu'ils rangent parmi les aliénés. Ça été pour Pinel et Esquirol surtout, auxquels trop tard peut-être on élève des statues, d'avoir reconnu la curabilité d'une foule de maladies mentales, d'avoir brisé les chaînes des aliénés, de les avoir fait échapper au régime barbare des saignées et des purgations répétées, et d'avoir ouvert l'ère du traitement moral. Autant leurs découvertes ont rendu de services à l'humanité, autant leurs systèmes pourraient égarer la justice.

« Qu'importe au magistrat qu'Hippocrate, Georget et Flourens aient présenté et prouvé que les lobes ou hémisphères du cerveau sont le siége de l'intelligence, le cervelet celui du principe ordonnateur des mouvements, et la moëlle allongée celui du principe vital ;

« Que Moreau fasse du génie une névrose, *et ne donne pour source aux plus sublimes facultés de l'intelligence* que la démence et la fureur ;

« Que Moreau attribue la folie à une maladie des organes, et Leuret, à la seule fausseté des idées ;

« Que tous ces auteurs appellent déments ou aliénés ceux qui raisonnent mal sur un sujet, ou cessent pour un temps d'être complétement maîtres d'eux.

« Tout cela n'a que faire avec l'appréciation juridique de l'état mental d'un citoyen dont l'interdiction est provoquée.

« Le juge a à se demander s'il est habituellement privé d'intelligence et de raison, de manière à ne pouvoir pas remplir les devoirs ordinaires et communs de la vie sociale, d'après les expressions de Cicéron dans ses *Tusculanes*, et s'il lui semblerait, en un mot, pouvoir encourir la responsabilité civile et criminelle de ses actes.

« Que de désordres amènerait dans les familles et dans l'administration de la justice pénale l'entraînement du magistrat à l'adoption de pareils systèmes ! que d'honnêtes pères de famille voués à l'interdiction ! que d'Henriette Crosnier assurées de l'impunité ! »

L'orateur aborda ensuite la réfutation, point par point, des arguments pris par son habile adversaire dans la doctrine, la jurisprudence, les lettres de Bérard et les faits de la cause, et termina ainsi sa plaidoirie :

« A ces preuves si futiles de la prétendue démence de Bérard, je veux opposer les faits, actes et paroles par lesquels ses adversaires, le tribunal et l'avocat lui-même ont reconnu chez lui l'usage de sa raison, son libre arbitre et sa responsabilité.

« Après les lettres de Tours, écrites pendant le paroxysme le plus prononcé de son désespoir, et le retour de Bérard à Monteux, il y marie sa fille, et il est convié à la doter, dans un acte authentique, en présence des deux familles assemblées.

« Etait-il en démence ?

« Chaque membre de la famille, le fils et les deux filles, les gendres, lui écrivirent à Prémontré comme à un homme qui sent, comprend et raisonne.

« Le jour même où la requête en interdiction est présentée, son gendre Tranchant le cite en justice en avération de signatures et en déchéance du terme promis pour le paiement de la dot.

« Etait-il en démence ?

« Lorsque les démarches étaient faites pour arriver à une démission de biens, ne le reconnaissait-on pas capable de vendre, de donner, de transiger ?

« Etait-il en démence ?

« A la publication de ses mémoires, le Tribunal les a-t-il dédaignés comme l'œuvre d'un fou?

Non, une délibération solennelle l'en déclare responsable et l'envoie en prison.

« Il subit son interrogatoire à fins civiles dans la chambre du conseil. Le voilà : toutes ses réponses y portent l'empreinte de la raison, de la réserve, de la prudence, de l'énergie, et le tribunal n'use pas du pouvoir qu'il a de nommer un administrateur provisoire de sa personne et de ses biens.

« Dans l'instruction correctionnelle, il subit six interrogatoires, longs, difficiles, compliqués, et sa raison s'y manifeste de la manière la plus éclatante, comme elle se manifesterait aujourd'hui.

« Deux mois s'étant écoulés, il paraît captif à votre audience correctionnelle ; vous vous abstenez dignement, mais vous lui rendez sa liberté sous caution.

« Est-ce ainsi que vous auriez traité un fou ?

« A-t-il par quelques actes fâcheux démenti votre jugement ?

« Non.

« Il a vécu à Avignon modestement, honnêtement, religieusement, avec sa jeune fille, dont on l'accuse, avec une insigne cruauté, de vouloir pervertir la naïve intelligence, en lui inspirant le mépris de sa mère.

« Et vous, mon éloquent confrère, par une inconséquence, que votre immense talent n'a pu dissimuler, en caractérisant tous les écrits et tous les actes de Bérard, vous avez affirmé sa raison, tout en plaidant sa folie.

« Chaque fois que vous méconnaissiez ses intentions, sa piété, son amour pour les siens, vous aviez conscience de l'effet de vos paroles sur ce malheureux ; vous vous en excusiez presque, et ne reveniez que par un effort pénible mais nécessaire à l'hypothèse de son insanité d'esprit et de son insensibilité, et cependant il quittait son banc en sanglotant, n'ayant pas d'autre réponse à faire à vos attaques.

« Après de tels témoignages rendus volontairement ou involontairement à la raison, à l'intelligence et aux sentiments de Bérard, j'ai dû être surpris d'entendre réclamer avec une sorte d'acharnement son interdiction absolue. La famille la veut, parce que, disait mon éloquent contradicteur, elle importe :

« A l'intérêt de Bérard,

« A celui de sa femme et de ses enfants,

« A la dignité de la justice,

« Au respect de la loi,

« A l'ordre public.

« Quelle profanation, et combien m'afflige l'emploi de semblables moyens mis au service d'un misérable intérêt d'argent !

« J'aurais compris que la famille bien loin de plaider comme devant un jury dont on chercherait à surprendre la justice par des effets d'audience, dit au tribunal, lisez et jugez, vous interdirez notre père parce qu'il est dément ou furieux.

« Mais vous allez plus loin.

« C'est, dites-vous :

« *Dans l'intérêt de Bérard?* lorsque, ayant conscience de sa personnalité, de son intelligence et de sa raison, il ressent les injures que vous lui faites, d'autant plus douloureusement qu'elles partent des êtres qui lui sont les plus chers! de Bérard dont on veut faire un objet de protection, de dérision et de pitié, bon à confiner dans une maison d'aliénés !

« *Dans l'intérêt de sa femme?* La malheureuse, elle ne sait pas quels remords lui causerait un jour le triomphe de ses enfants, et quelle sentence terrible porterait sur elle l'opinion publique, pour avoir ainsi abandonné son mari, le père de ses enfants, dont un égarement passager lui avait fait perdre la confiance, mais dont la raison lui a rendu l'estime et l'affection !

« *Dans l'intérêt des enfants?* Grand Dieu ! pourraient-ils aspirer à voir leur père, qui les aime avec idolâtrie, par eux-mêmes découronné, humilié, flétri ! ! à entendre répéter à leurs oreilles : *Voilà les enfants du monomane* ! ils l'ont dépouillé de son vivant, ne sont-ils pas providentiellement condamnés à recueillir l'héritage de sa folie !

» *La justice*, *la loi*, *l'ordre public* auraient-ils confié à votre égoïsme, à votre impiété, le soin de les sauvegarder des attaques d'un malheureux père aigri par vos torts, et qui est prêt à subir la peine, s'il a pu commettre une faute en s'exagérant les droits de la défense ?

« Je ne veux pas attribuer l'odieux de cette action de gendres, aux enfants et à la femme de Bérard ; mon vœu le plus cher eût été de les voir dans cette enceinte en présence de leur père, manifestant à la fois son désespoir, sa douleur, sa charité, son intelligence, sa raison, sa piété, sa soif de pardonner et son inépuisable tendresse ; — car nous eussions vu sa femme et ses enfants se précipiter dans ses bras, et donner, par leur solennelle réconciliation, à ce triste drame judiciaire le seul dénoûment qui puisse satisfaire les véritables sentiments de la famille, la conscience publique et la justice de l'Eternel. »

L'effet de cette improvisation dont nous n'avons pu reproduire qu'une faible partie, fut immense et la demande en interdiction fut repoussée.

Si nous avons cité ces fragments quelque peu étendus de deux des récentes plaidoiries de Thourel, c'est pour permettre à nos lecteurs de juger en connaissance de cause de son genre d'exposition, de discussion et de péroraison dans les causes civiles.

IV

THOUREL DANS LES CAUSES CRIMINELLES.

En 1823, après un début assez malheureux devant les assises du Gard, à l'occasion duquel on lui avait reproché de n'avoir pas assez travaillé sa plaidoirie, Thourel eut à défendre dans la même session un forgeron accusé de meurtre.

Cette fois il écrivit et apprit par cœur une défense dont il se promettait les plus heureux effets pour son client et pour lui-même — Ce jour-là précisément on attendait le passage de S. A. R. la duchesse d'Angoulême de retour de Montpellier : la ville était remplie d'étrangers et la salle des assises regorgeait de curieux.

Il advint — comme cela se produit souvent — que les charges relevées dans l'instruction contre l'accusé s'aggravèrent à l'audience au point de faire redouter la preuve de la préméditation, la position de cette question nouvelle, et une condamnation à mort.

Quand Thourel se leva, son embarras était manifeste — On s'aperçut sans peine, au désordre de sa discussion, que sa raison était aux prises avec sa mémoire, et que la première n'était ni assez exercée ni assez puissante pour triompher de l'autre.

Tout à coup — au moment où sa perplexité et son trouble se traduisaient en phrases incohérentes et confuses — le canon se fait entendre et annonce l'approche de l'ancienne prisonnière du temple.

Thourel prend soudainement son parti, abandonne la discussion entreprise, et, dans quelques phrases réellement inspirées, convie le jury à saluer la venue de la fille des rois par un acte de justice... ou plutôt de clémence. Le succès répondit à son attente, son client fut acquitté.

Dès cet instant Thourel comprit que l'improvisation pure formait le caractère essentiel de son talent, mais aussi qu'elle lui imposait pour première condition une étude sérieuse des principes généraux du droit, des lois, de la doctrine et de la jurisprudence ; — qu'en un mot, il devait mettre en pratique le précepte du poète latin :

Cui lecta potentes erit res, nec facundia deseret hunc, nec lucidus ardo.

Qu'on nous permette ici une réflexion que d'autres ont faite avant nous, sans plus de fruit, hélas ! Pourquoi les magistrats confient-ils si souvent à des débutants le sort des accusés que leur misère force à se faire défendre d'office ?

Peu de gens se font une juste idée des difficultés réelles de la plaidoirie en matière criminelle. — On se figure généralement qu'avec de la mémoire, du jugement et de l'imagination, un avocat, quelque peu familier avec les lois pénales, peut entrer dans la lice et s'y promettre de faciles succès.

Sans doute, tout cela est nécessaire, mais il faut bien autre chose pour faire un avocat distingué, un orateur dans la véritable acception du mot.

L'homme qui aspire à défendre la liberté, l'honneur et la vie de ses semblables, doit posséder avant tout les principes éternels et généraux du droit, et plus spécialement la philosophie du droit pénal. — Il doit se livrer à l'étude profonde du cœur humain et des mobiles ordinaires des passions et des jugements des hommes ; il doit connaître l'histoire et acquérir, tout au moins, des notions sur une foule d'autres sciences.

Ces trésors une fois amassés, il a à lire et à écouter les maîtres, non pour les imiter dans ce qui peut caractériser le genre tout personnel de leur talent, mais pour apprendre d'eux la logique, l'enchaînement des idées, l'ordre et la clarté du discours, l'appropriation du langage à la pensée et au sujet, la modération et la dignité de la parole, du maintien et du geste.

En les lisant et en les écoutant, il devra apprendre à se dépouiller des traditions d'une réthorique banale et de toute argumentation basée sur l'altération des faits ou sur le mépris des véritables principes de la justice et de la morale, —

et encore à rejeter jusque à la pensée des effets préparés, des inspirations feintes et des péroraisons étudiées.

Pénétré de ces nécessités d'état, ainsi préparé, — et s'il est d'ailleurs richement doué par la nature, — il arrivera à défendre avec les chances les plus certaines d'un succès sérieux.

A l'entendre, nul ne se doutera du travail dont la plaidoirie écoutée est le résultat.

A l'élégante simplicité du récit, à la précision et à la clarté de la discussion, à l'évidence des principes posés, à l'incontestable légitimité des conséquences déduites de ces principes, à la justesse de l'appréciation des actes et des faits ou des passions qui les ont produits, et qui en détruisent ou en amoindrissent l'imputabilité, au naturel, à l'imprévu et au caractère — pour ainsi parler — électrique de ses mouvements oratoires, à la promptitude et à l'énergique précision de ses répliques, chacun devra se dire que les choses ne pouvaient pas être autrement présentées, et qu'au besoin on en eût fait autant.

Et cependant combien d'avocats vivent, plaident et meurent sans avoir compris les difficultés de la plaidoirie criminelle et le secret des succès obtenus par leurs plus illustres confrères !

La vie, les voyages, les études et les épreuves de Thourel l'ont amené à remplir toutes ces conditions : la puissance de ses facultés a fait le reste.

La première affaire criminelle sérieuse qu'il plaida à Toulon eut un immense retentissement.

Dans l'un des bureaux de l'Arsenal, on avait reconnu d'assez importants détournements de matières au magasin général et d'innombrables faux dans les écritures. — Le préposé principal dénonça un de ses subordonnés qui fut incarcéré et traduit devant le tribunal maritime.

Thourel, chargé de le défendre, crut reconnaître que le supérieur dénonçant était plus coupable que l'inférieur dénoncé, et eut le courage de le déclarer tout haut. Les débats durent être interrompus, et, un mois après, l'un et l'autre comparaissaient sur le même banc, le client de Thourel avouant tout, son chef ne convenant de rien.

Un témoin de ces débats nous rapporte qu'à la suite d'une improvisation foudroyante de Thourel — tour à tour défenseur énergique et impitoyable accusateur — le subordonné fut complétement acquitté et le supérieur condamné au carcan et à la réclusion. — Depuis lors (1) la plupart des affaires de ce genre lui furent confiées.

Peu à près il se distingua particulièrement dans l'affaire de piraterie et de traite des nègres instruite aussi devant le tribunal maritime de Toulon, contre le fameux négrier espagnol Ramon Tizon et tout son équipage, dont il obtint l'acquittement.

Les journaux judiciaires de Paris rendirent un compte des plus complets de cette cause hérissée de détails très-dramatiques.

(1) 1839. Affaire Venel et Vincent.

Une des causes de ce genre qui lui fit le plus d'honneur fut celle de l'officier comptable principal de l'hôpital du Dey, traduit en avril 1842, avec deux de ses inférieurs, devant le conseil de guerre d'Alger pour faux et concussion.

Ce comptable était sexagénaire, officier de la Légion d'Honneur et décoré d'autres ordres étrangers. Il avait rendu de grands services dans ses divers emplois antérieurs et spécialement à Toulon où il avait connu et apprécié le talent et le dévouement de Thourel. Il l'appella auprès de lui et eut le bonheur de le voir accourir et s'asseoir au banc de la défense pendant les longs et pénibles débats de cette grave affaire.

Thourel fournit une énergique et brillante plaidoirie de plusieurs heures qu'il termina en ces termes :

« Voilà donc ramenées à leurs véritables et « mesquines proportions les accusations si gra- « ves, disait-on, élevées contre mon malheureux « client, réduites à leur valeur réelle, c'est-à- « dire à leur nature de soupçons et de doutes, les « preuves apportées aux débats !

« Contre qui, grand Dieu ! contre un vieil- « lard dont les jours sont comptés, qui a marqué « par des services signalés et par des bienfaits « tous ses pas dans la carrière hospitalière, et « qui a atteint le degré le plus élevé de sa « hiérarchie.

« Je vous le demande à vous tous, hommes de « tête et de cœur, qui remplissez ici une mission « de justice et non de discipline, irez-vous, incer- « tains et hésitants sur la culpabilité de cet homme

« dont la vie entière affirme l'innocence, égarer « sur sa poitrine le glaive de la justice, y briser « de sa pointe l'émail de ses décorations, pour « y graver *infamie* pour *honneur*, et *bagne* pour « *patrie !* jamais, jamais !!! »

Public et juges furent irrésistiblement attendris, subjugués, et les trois accusés furent acquittés à la minorité de faveur.

A une époque beaucoup plus récente, en 1862, Thourel défendit, devant la Cour d'Assises de Vaucluse, Fortunée Béridot, veuve Auphan, accusée d'avoir, avec trois poisons différents, tenté de donner la mort au mari qu'elle avait épousé par amour, et de l'avoir ensuite fait assassiner par son amant Denante.

L'attention publique vient d'être ramenée sur cette affaire par un feuilleton palpitant d'intérêt, publié récemment dans le *Figaro*. Nous sommes heureux de pouvoir donner d'une manière plus complète certains passages et notamment l'exorde et la péroraison de la plaidoirie de Thourel sténographiée à l'audience et publiée avec une notice biographique dans le journal *la Cour d'Assises illustrée*.

Nous regrettons seulement de ne pas pouvoir reproduire sa discussion qui, au point de vue philosophique et comme analyse de la correspondance de l'accusée donnée pour établir le délire de sa passion, offre un véritable modèle d'éloquence judiciaire.

Voici comment Thourel sut, dès l'abord, s'emparer de l'attention et de la faveur de l'auditoire, le frapper par la hardiesse de son début, tracer de main de maître le portrait des deux accusés, et jeter les premiers jalons sur le champ de la défense :

« Ces deux têtes doivent-elles tomber ? telle est la question terrible qui se débat devant vous. Et comment ne serais-je pas effrayé de l'immense responsabilité qui pèse sur moi, sur ma parole, ma parole, dont on a exagéré la puissance, je ne dirai pas pour en atténuer la portée, mais par une bienveillance dont je remercie ceux qui m'entourent, et qui s'adresse, bien plus qu'à moi, au nom que je porte, et dont on a voulu honorer les nobles qualités et les vertus traditionnelles.

« Que de dangers m'entourent ! Un crime horrible a été commis, et quel jour ! Quelques heures avant celle où l'Homme-Dieu descendait sur la terre pour racheter les péchés et les crimes des mortels. On semblait vouloir ajouter quelques crimes encore aux crimes que le sang du Juste venait expier. Oh ! je vois la tache du sang répandu ; c'était aussi le sang du juste, et du sang répandu on va au sang à répandre !

« D'ordinaire, dans ces débats, une accusation riche en preuves épargne à l'accusé l'habileté du réquisitoire, la passion de l'éloquence, et je comprends, plus que je n'approuve, les ressources du ministère public qui a acquis, sur le siége qu'il occupe, le droit de nationalité, par l'éloquence et l'énergie. Je sais que l'indignation a exprimé ses accents, mais je regrette qu'il ait dit : Je jure que ces accusés sont coupables ! L'accusation n'a pas à en juger en personne ; elle étudie, elle prouve ; un magistrat n'a pas besoin d'ajouter que la conscience fournit le fond de ses réquisitoires. A Dieu ne plaise que vous puissiez former un motif sur l'honneur du magistrat ! je n'admets pas que la conscience d'autrui s'impose à la vôtre. Qu'on requière, qu'on n'affirme pas ! — Vous êtes libres, allez, pas de paresse, ne rejetez la responsabilité sur personne, parce qu'à l'heure des regrets nul de vous ne pourrait dire : c'est le magistrat. — C'est là une erreur éloquente contre laquelle , messieurs , je devais prémunir votre liberté.

« Autre danger : Du banc de la défense se sont élevées des paroles accusatrices, alors que d'ordinaire des efforts communs y sont tentés pour atteindre un tout autre but.

« Témoins, correspondance, ministère public, président, défenseur, tout et tous s'accordent pour écraser la veuve Auphan.

« Il est temps qu'en sa faveur une parole se fasse entendre pour dire enfin ses combats , ses malheurs, ses fautes et son repentir ; une voix qui ne chercha jamais à puiser sa force et son autorité que dans les voies du droit, de la morale, du juste et de la vérité.

« Vous le comprenez, ma défense ne les abandonnera pas, mais elle usera de sa liberté pour réduire à ses véritables proportions la part de responsabilité qui pèse sur Fortunée Béridot dans l'affreux drame du 24 décembre.

« Permettez-moi de hasarder quelques mots sur les principes.

« Dans tous les cas où vous êtes appelés à juger un accusé, bien que les preuves du fait matériel soient irrécusables, l'acte criminel en soi, et des aveux complets obtenus, se pose toujours la question d'imputabilité, celle de savoir si l'agent avait la conscience de la criminalité de l'acte reproché, au moment où il le commettait ; si chez lui il y avait, en ce moment suprême, accord de l'intelligence et de la volonté.

« Que de choses à étudier pour résoudre une pareille question ! comme le dit l'immortel Rossi ; il s'agit de faits de conscience qui se sont passés dans le domaine intérieur d'une autre personne que le juge. Celui-ci pourrait-il les apprécier autrement qu'en plaçant pour ainsi dire sa propre conscience au milieu de toutes les circonstances extérieures où l'agent se trouvait placé ; en s'attribuant, en quelque sorte, ses paroles et ses actes pour se demander ensuite : Avait-il le sentiment du bien et du mal ? *avait-il conscience de la moralité de ses actes, celui qui, dans un semblable état de choses, s'est conduit de telle manière ? ses faits ont-ils dû être le résultat d'une volonté à la fois éclairée, libre et perverse ?*

« Mon habile confrère vous parlait tout à l'heure, peut-être avec trop de réserve, de l'ivresse, sorte de démence passagère qui lui paraîtrait pouvoir atténuer la culpabilité des accusés. J'irai plus loin : lorsque l'ivresse est purement accidentelle et complète, elle détruit l'imputabilité.

« L'homme qui s'est enivré peut être coupable d'une grande imprudence, mais il est impossible de lui dire avec justice : *Ce fait spécial, ce crime, tu l'as compris au moment de le commettre.* Ce serait associer, ce qui est moralement impossible, dit le même auteur, imputabilité et absence de raison.

« Il en est de même de toutes les causes qui obscurcissent la raison et oblitèrent la conscience, et parmi ces causes l'expérience classe les passions, alors que, comme l'ivresse, elles sont involontaires, violentes, irrésistibles.

« Et s'il est généralement vrai de dire que ce sont toujours les grandes passions qui poussent aux grands crimes, il ne faut pas moins, sur chaque accusation, examiner avec soin si, au moment de l'acte, les circonstances n'en excluaient la conscience et la volonté de la part de l'agent. Peut-être est-il plus difficile d'invoquer de tels principes quand il y a eu des actes criminels, prémédités, successifs, géminés, tous dirigés vers un but coupable désastreusement atteint. — Et cependant, si la cause impulsive en était dans une passion poussée jusqu'à la folie, et d'un agent dont la volonté, subjuguée, serait devenue celle d'un tiers, et aurait perdu à la fois ses lumières, sa liberté, sa personnalité, oh ! alors, si l'imputabilité ne disparaissait pas, combien ne serait-elle pas amoindrie !

« Ces principes posés, je n'ai pas, grâce à Dieu, à revenir sur les terribles péripéties du drame dont la mort du malheureux Auphan a fourni le dénoûment.

« Tout est prouvé, tout est avoué, et il ne s'agit, en réalité, pour moi, que de rechercher, à l'aide des débats, les éléments de culpabilité qui s'y peuvent rencontrer à la charge de Fortunée Béridot.

« Est-elle coupable, et dans quelle mesure ?

« Et d'abord que sont les deux accusés ?

« *Denante* est, *au physique*, un homme nerveux, sanguin, robuste, aux grossiers appétits, aux instincts brutaux. — *Au moral*, c'est un maquignon rusé, fait à toutes les roueries du métier, sans loyauté, sans foi dans les affaires comme dans les amours. Ainsi nous le dépeignent les nombreux témoins entendus dans l'instruction. — Pas un d'eux n'a eu des intérêts à débattre avec lui sans avoir eu à douter de sa probité.—Sa morale, comme M. l'avocat général vous le rappelait tout à l'heure, se résume dans son audacieuse réponse au témoin Rivarol, qui lui signalait les dangers de sa position dans les affaires. « Bah ! bah ! je suis lancé, « et rien ne m'arrêtera que la prison ou la guil- « lotine !!! »

« Comment se produisait sa fatale tendresse pour Fortunée Béridot ? par les propos effrontés d'un don Juan de village. — Au début de leurs rapports adultères, dans la joie de son triomphe, du haut de son cheval, il fait claquer son fouet d'un air conquérant si marqué que Maillet l'apostrophe et lui dit : « Qu'as-tu donc pour être si « fier? la route n'est pas assez grande pour te lais- « ser passer. »

« Denante répond : « C'est que tu n'es pas « taillé comme moi pour faire des caprices.

« Pas plus que moi, reprend le témoin, notre temps est passé.

« Tu le sauras plus tard, » réplique Denante ;

et il s'éloigne, en faisant claquer son fouet comme devant.

« Après l'horrible dénoûment, lorsque, contraint à tout avouer, il joue le repentir et feint le suicide, de cyniques regrets révèlent au gendarme Grandordy la détestable nature de ses sentiments, et il s'écrie : « Vous la trouvez belle, mais qu'eus-« siez vous dit, si vouz l'aviez vue sans voile ? »

« Quelques mots adressés à un autre témoin, Graille, qu'il voulait empêcher de se libérer envers Auphan, manifestent de la manière à la fois la plus complète et la plus saisissante son but cupide, ses impatiences coupables, sa lâche cruauté.

« N'y va pas, lui dit-il, il est malade. Si c'é-« tait quelque chose de bon, il serait déjà mort. « un coup de fusil seul pourra en avoir raison. »

« Ajoutons à cela ses instances auprès de Fortunée à l'effet d'empêcher son mari de retirer d'un débiteur certaine somme de mille francs, et nous connaîtrons les sentiments, les vues, les espérances et les moyens de cet homme que, pour son malheur, mon infortunée cliente a heurté sur son chemin.

« Quelle est Fortunée Béridot ?

« Née de parents honnêtes mais peu éclairés, douée de quelque intelligence et d'un physique agréable ; grâce à une éducation incomplète et peu surveillée, on vit se développer en elle, dès ses plus jeunes années, un caractère peu sympathique, point communicatif, mais absolu.

« De mauvaises lectures, qui ne se bornèrent pas à *Numa Pompilius*, à l'*Enfant de la forêt* et à *Corinne*, dont elle a parlé à l'audience ou dans ses interrogatoires, exercèrent une désastreuse influence sur son esprit, et rien autour d'elle, rien dans le milieu où elle vivait, n'en put corriger les effets. Personne ne pouvait, à ses manières presque sauvages, se douter que celle qu'on qualifiait dans son village d'âpre, de revêche (en patois *crudo*), avait une imagination ardente jusqu'au délire, des passions tumultueuses jusqu'à la folie.

« Les premiers symptômes de cette organisation physique et morale, je les trouve dans ses cahiers de jeune fille, si injustement accusés par M. l'avocat général.

« Avouons-le, si dans la plupart des institutions les mieux tenues on recherchait les écrits des jeunes élèves, n'y trouverait-on pas beaucoup d'ébauches sans portée et sans réalité, échappées à leur plume rêveuse ?

« Pour Fortunée Béridot, ces projets de lettres avaient une autre importance ; ils accusaient un développement précoce des passions désordonnées qui bientôt devaient éclater dans son sein.

« Un témoin, il est vrai, que nous avons prouvé avoir successivement exercé sa malice contre toutes ses compagnes, a, depuis les poursuites, imaginé contre Fortunée la plus odieuse accusation. Au moment ou aux approches du choléra, et à l'occasion d'une neuvaine célébrée pour demander à Dieu d'épargner cette épreuve au pays, Fortunée aurait dit à ses amies : « Ne vous approchez pas « de la sainte table, les hosties sont empoison- « nées ! » Blasphème impossible et qui n'a pas d'antécédent chez l'accusée ; parole empoisonnée, mais dans la bouche du témoin.

« Ce n'est pas à Gordes que de pareils bruits se pouvaient répandre. A peine s'explique-t-on l'affreuse fable des brocs de vin empoisonnés qu'en un moment d'effroi admit le peuple de Paris, et qui le fit, sous l'arcade Saint-Jean, mettre en lambeaux de prétendus auteurs d'un crime chimérique.

« La malheureuse Fortunée Béridot n'avait-elle pas assez de ses défauts et de ses penchants, sans lui en créer d'imaginaires !

« Une première inclination la surprit, la rendit rebelle aux volontés de ses parents et, après un enlèvement, la fit l'épouse du malheureux Auphan, qu'elle cessa bientôt d'aimer et de respecter, dès qu'un amour sérieux, irrésistible, violent, la jeta dans les bras de Denante.

« Cette fois, une adultère passion, qu'elle croyait sincèrement partagée, la livrait à son vainqueur. — Passion terrible, impitoyable, qui pouvait à cette malheureuse de la race de Pasiphaé arracher le cri de Phèdre : « C'est Vénus tout entière à sa proie attachée. » (Sensation marquée dans l'auditoire).

« Et maintenant que nous connaissons les deux personnages de ce drame affreux, il nous sera facile de rétablir la vérité historique et morale des faits, et d'assigner à chacun sa part de volonté, d'action, de responsabilité, — son rôle enfin ; car jusqu'ici les aveux forcés et menteurs de Denante et les dénégations obstinées de Fortunée avaient élevé contre cette dernière de terribles préjugés, qu'il est temps de combattre et de détruire.

« C'est dans les interrogatoires de Denante, c'est dans les lettres de la veuve Auphan, si cauteleusement conservées par lui, par lui si lâchement livrées, que je veux trouver la preuve des deux propositions qui formeront toute ma défense,

« A savoir :

« Fortunée Béridot a été subjuguée et entraînée par une passion violente, irrésistible, que Denante était parvenu à lui inspirer.

« Cet homme est arrivé à en faire un instrument aveugle et docile des détestables projets qu'il a conçus et dont il a poursuivi la réalisation avec un esprit profondément pervers et une machiavélique habileté. »

Après ces prolégomènes et cet exorde, l'effet de la discussion fut si grand que bien des esprits se laissaient aller à la pensée que Thourel tendait à un acquittement. — Il fut, en effet, assez habile pour faire considérer ses dernières paroles comme une sorte de concession à la justice et un droit acquis par sa cliente à l'atténuation de la peine.

Qu'on en juge.

« Messieurs les Jurés,

« Ne vous méprenez pas sur notre pensée. Bien que Fortunée Béridot nous paraisse avoir été entraînée par son fol amour, et avoir cessé de s'appartenir dans toutes ces horribles péripéties, nous n'allons pas jusqu'à la placer hors de toute imputabilité.

« Elle a violé des devoirs sacrés, elle s'est familiarisée avec les crimes qu'on osait lui proposer, elle a pu s'en rendre compte, quelque trouble que la passion ait jeté dans son cœur et dans son esprit; elle en doit donc compte à la justice, et nous croirions insulter à la conscience publique si nous vous demandions pour elle une scandaleuse impunité.

« Mais la croiriez-vous à ce point coupable, qu'elle vous paraisse mériter le dernier supplice, elle que vous savez avoir été si fatalement égarée?

« Ses aveux ne l'auront-ils pas quelque peu réhabilitée à vos yeux?

« Quand j'ai vu pour la première fois Fortunée Auphan, je lui ait dit : « J'ai lu votre correspondance; je connais les preuves qui vous « accablent. Voulez-vous me donner du courage? « Au pied du grabat de votre prison, agenouillez-« vous, priez, demandez à Dieu de vous inspirer « à vous une résolution, et à moi le zèle et la « liberté avec la conviction qu'il me faut pour « accomplir mon devoir. » — Et le lendemain, elle m'a pris les mains, et, baisant mes genoux, elle m'a dit : « J'ai prié et Dieu m'a entendue. Oui, j'humilierai mon orgueil. » Je voulais la réconcilier avec Dieu avant de vous demander pitié pour elle; et elle a avoué; et elle n'est sortie de son humilité que pour s'élever contre la calomnie. — Ah! la nuit et le remords l'ont bien vieillie, et elle vient à vous le deuil dans le cœur, plus encore que sur ses vêtements.

« Ce n'est pas à votre omnipotence que je fais

un appel, non plus qu'à l'horreur instinctive que nous inspire à tous la peine capitale.

« Que si le philosophe humanitaire et chrétien prend en pitié l'inconséquence du législateur qui édicte la peine de mort, cruelle, irréparable, prononcée par un juge sujet à l'erreur, comme sanction du principe de l'inviolabilité de la vie de l'homme, la loi existe et veut être obéie, et, quoi qu'on ait pu vous dire, vous êtes les souverains appréciateurs du degré de perversité et d'intention coupable de chacun des accusés. C'est là que s'ouvre le vaste champ des circonstances atténuantes que le magistrat ne peut définir ou borner quand le législateur ne l'a ni osé ni voulu.

« Combien ne s'en présente-t-il pas en faveur de cette malheureuse que je défends! Son âge, son sexe, son éducation, son caractère, son organisation physique et morale, ses passions, ses entraînements, ses aveux, ses remords, n'est-ce pas assez pour désarmer votre justice !

« Par combien d'expiations n'a-t-elle pas déjà racheté sa tête, comme femme, comme épouse, comme amante, comme fille, comme mère !

« Femme orgueilleuse et belle, elle a vu les chagrins et le remords sillonner son front de rides précoces, et elle a dû le courber devant les plus poignantes humiliations.

« Comme épouse, elle reconnaît aujourd'hui les vertus de celui qui l'aimait, et qu'elle a trompé et assassiné.

« Comme amante, elle a vu tomber le voile de ses illusions, et Denante lui est apparu dans toute sa hideur.

« Fille, elle a empoisonné la vieillesse de celle qui ne put l'empêcher de faillir et la vient protéger ici de ses larmes et de son désespoir de mère.

« Mère à son tour, car elle a donné le jour à un enfant sous les verrous, et cet enfant serait le produit du crime? Dieu ne l'a pas voulu; l'adultère est resté infécond, l'amour légitime a porté son fruit, et cet enfant, portrait vivant d'Auphan, sera pour sa veuve un reproche vivant et terrible qu'aucune torture humaine ne saurait égaler; et cet enfant ne veut pas que sa mère périsse.

« Tout cela, Fortunée Béridot le ressent profondément aujourd'hui, et si elle a eu les égarements de Madeleine, elle a l'ardeur de son repentir; car Dieu, en lui infligeant ces terribles châtiments, lui a fait, dans sa miséricorde infinie, la grâce de se réveiller de ce long sommeil troublé par tant de crimes, et d'en comprendre l'horreur.

« Comme Dieu, vous ne repousserez pas ce cœur contrit et sincère, et après les peines que la justice divine lui a déjà infligées, la vôtre ne sera pas impitoyable ! ! ! »

Après de telles citations, nos éloges deviennent superflus. — La tête de sa cliente fut sauvée.

En 1849, au cours des débats d'une affaire criminelle que Thourel plaidait devant la Cour d'assises des Basses-Alpes, se produisit un incident des plus curieux et des plus propres à faire éclater l'élévation de ses sentiments et la générosité de son caractère.

J'en trouve le récit dans un journal judiciaire, et un témoin l'a rappelé devant le conseil de guerre de Lyon.

Il défendait un nommé Escudier, accusé d'avoir séduit la femme d'un sien parent portant le même nom et d'avoir ensuite assassiné ce dernier.

L'accusé avait fait compter à Thourel fr. 1500 empruntés à cet effet sur ses immeubles par acte public.

Les dépositions des témoins à la première audience produisirent des charges accablantes contre Escudier : l'adultère, le meurtre et la préméditation y furent établis, précédés et accompagnés de détails révoltants. Une déclaration surtout émut profondément l'auditoire, celle de la mère de la victime, pauvre septuagénaire aveugle. Quand elle entendit la voix de l'accusé, elle ne put contenir les élans de son désespoir et s'écria avec des accents déchirants : *Scélérat, tu as égorgé mon fils! Qui donc donnera du pain à ses deux pauvres enfants dont tu as perverti la mère?...*

Le lendemain, à l'ouverture de l'audience, la salle était comble et le public attendait les plaidoiries avec la plus vive et la plus anxieuse impatience.

M. le Procureur Impérial interpelle l'accusé sur le paiement de la défense, et ajoute : Je ne veux pas insister sur l'emprunt qui y a subvenu, puisque l'acte en indique la cause, mais il y a plus ; ce matin à 5 heures, après avoir consulté Me Thourel, vous avez, en présence de témoins, consenti une donation de tous vos biens en faveur de vos deux frères, expliquez-vous.

L'accusé répond : Demandez à mon défenseur !

Il serait difficile, je crois, de se faire une juste idée du mouvement d'inquiétude qui se manifesta dans l'auditoire. Aussi le silence le plus religieux s'établit-il quand Thourel se leva et s'exprima à peu près en ces termes :

« Malgré ma résolution de tenir secrets des « actes qui défient toute incrimination, vous allez « apprendre toute la vérité.

« Les charges relevées contre l'accusé et sur- « tout la déposition de la malheureuse mère d'Es- « cudier dont les larmes ont brûlé les yeux, « m'ont plus profondément ému que pas un de « vous. Pendant une nuit sans sommeil, je me « suis dit que, si l'avocat a le droit de se faire « honorer en raison de sa position et de son dé- « placement, il est des circonstances où le désinté- « ressement lui est commandé. — Dès l'instant « où il m'a été démontré que mes honoraires pou- « vaient amoindrir le gage des pauvres orphelins « et celui de la justice, il ne me restait plus qu'un « devoir à accomplir. J'ai été plus loin, et après « avoir restitué les fr. 1,500 au prêteur, dont « je fais passer la grosse acquittée à la Cour, je « me suis rendu à la prison, et là, j'ai fait un « appel au repentir de l'accusé, et je lui ai dé- « claré que pour réparer autant qu'il était en lui « le mal qu'il avait fait, il devait s'associer à mon « sacrifice et consentir sur le champ une donation « de tous ses biens en faveur des deux jeunes en- « fants de sa victime.

« Il l'a fait, et voilà l'acte que l'on n'a pas « craint de signaler à la justice plutôt encore

« contre l'avocat et l'homme politique que contre
« l'accusé ! !

« Vous n'avez pas su élever votre pensée jus-
« que là, et la similitude des noms et des pré-
« noms des orphelins avec ceux des frères d'Es-
« cudier vous a fait supposer une indignité !

« Tels sont les deux actes qui m'ont permis de
« me présenter à cette barre le front haut et la
« conscience tranquille. — J'aurais voulu les
« taire ; leur divulgation aura du moins servi à
« attirer quelque intérêt sur mon client. »

Qu'on juge de l'effet immense produit par cette double révélation, et combien Thourel dut grandir dans l'estime de tous ! Son client obtint l'admission, jusque là inespérée, des circonstances atténuantes.

En 1855. — Le procès *Turrel* devant le Tribunal maritime de Brest. Vingt-trois accusés. Il y brilla même à côté de Berryer en montrant dans tout son jour la prodigieuse souplesse de son esprit et de son savoir.

L'effet de ces deux plaidoiries fut si grand que l'honorable contre-amiral président disait avec la franchise d'un vieux marin : « Je n'ai pas dormi de la nuit. Berryer m'a empêché de dormir d'un œil, Thourel, de l'autre. »

Ecoutez. Ceci, d'ailleurs, est dans la mémoire de tous. Oui, on gardera longtemps à Aix le souvenir presque légendaire d'une de ses plus belles inspirations à la barre. Il allait terminer sa réplique dans une affaire d'assises presque désespérée, lorsqu'on entendit sous les murs du Palais la cloche du Saint-Viatique. Il s'interrompt soudain et s'écrie :

« Entendez la sonnette chrétienne : C'est le « ministre du Dieu vivant qui va porter les der-« nières consolations et les derniers sacrements « à quelque agonisant prêt à paraître devant « le juge suprême. Dieu, qui est infaillible dans « sa justice, pardonnera peut-être à sa foi et à « son repentir. Et vous, représentants de la « justice humaine, vous, sujets au péché et à « l'erreur, pourriez-vous vous tenir certains de « frapper un coupable et vous montrer impi-« toyables ?

« Ah ! puissiez-vous plutôt, en ce moment su-« prême, vous associer à la clémence de l'Eter-« nel !!! »

Une émotion profonde saisit l'auditoire tout entier ; magistrats et jurés s'associèrent à sa pensée et l'accusé fut acquitté.

De telles inspirations soudaines sont le propre des intelligences privilégiées et ne se produisent que chez les véritables orateurs, hélas ! si rares de notre temps.

Sans doute, on peut relever chez eux certaines inégalités, conséquence forcée de leur organisation, mais ne sont-elles pas largement rachetées par la puissance oratoire à laquelle seule il est donné d'atteindre au sublime, d'émouvoir, de passionner, de subjuguer l'auditeur !

V

THOUREL DANS LES CAUSES POLITIQUES.

L'organisation de Thourel le prédestinait à devenir un homme et un avocat politique, car il avait l'imagination ardente et l'âme d'un tribun.

Nous n'avons pas à juger ses principes, mais à en constater les manifestations publiques dans ses discours et dans ses écrits, ce qui doit rendre sa biographie complète.

Il appartient incontestablement à l'opinion démocratique. Nous avons eu la bonne fortune de trouver aux mains d'un toulonnais un exemplaire de sa profession de foi comme candidat à la Constituante. En voici quelques passages d'autant plus curieux qu'il y effleure la question de la réorganisation de l'armée et bien d'autres qui attendent leur solution du présent ou de l'avenir.

« La force nationale appelle, écrivait-il, de grandes réformes. J'ai longtemps étudié l'organisation des milices helvétiques, et me suis convaincu qu'avec quelques modifications exigées par nos mœurs, appliquée à la France, elle nous offrirait des ressources et des avantages incalculables. On ne comprend pas que jusqu'ici nous ayons conservé cette loterie du recrutement, qui fait dépendre le service de la patrie des hasards du sort, et fait que le pauvre paie de ses plus belles années ou de son sang la dette sacrée que le riche rachète pour quelques écus ! Tout cela sent l'inégalité et le privilége. Que chacun, à vingt ans, reçoive l'éducation militaire. Le service sera de deux ans à peine, et la France, au jour du danger, trouverait, au sein de ses milices nationales, une formidable réserve à présenter à ses amis et à ses ennemis. Que des cadres fortement constitués, quelques régiments et les armes spéciales gardent nos frontières et nos colonies, et conservent les traditions militaires sans pouvoir jamais être employés contre les citoyens. Est-il besoin d'ajouter que les grades doivent être la récompense assurée de l'ancienneté, des services, des talents éminents et des actions d'éclats !

« Il est temps aussi que la marine reçoive une nouvelle et salutaire impulsion. Le régime des deux branches de la famille à jamais déchue avait relâché les liens de la discipline, de la confiance et de la fraternité dans tous les rangs de ce corps, illustre à tant de titres. — Le favoritisme, ce puissant dissolvant de tout esprit de corps et de nationalité, doit faire place à la plus impartiale justice dans la distribution des grades et des commandements. — Les bases de l'admission à l'école navale doivent être élargies ; chacun doit être apte à commander et prêt à obéir, pour que bientôt la patrie puisse voir se renouveler en escadre ses victoires de vaisseau à vaisseau, et s'effacer le souvenir des désastres de la République et de l'Empire.

« L'impôt direct est lourd, les impôts indirects le sont davantage et écrasent le peuple et par leur poids et par leur mode de perception. — Le seul moyen de les alléger tous est de diminuer les dépenses d'une part, et de l'autre, d'atteindre des revenus jusqu'ici exempts des charges sous lesquelles gémit le pauvre. — On devrait alors exonérer d'autant ceux qui frappent les classes à la fois les plus nombreuses et les moins corrompues.

« Le problème de l'organisation du travail présenté sous la forme dogmatique dont on le revêt, est, à mon avis, pratiquement insoluble. — L'Etat ne saurait enrégimenter et discipliner les travailleurs sans porter atteinte à leur liberté. La fixation des salaires se lie intimément à l'écoulement et à la valeur vénale des produits. — L'intervention de l'Etat doit donc avoir pour objet d'anéantir les entraves intérieures et extérieures qui gênent le développement de l'industrie et du comcommerce , et de protéger l'association des travailleurs pour la surveillance de leurs intérêts communs. L'assiette de l'impôt sur de nouvelles bases, devant nécessairement faire refluer les capitaux de l'agiotage vers les entreprises industrielles et l'agriculture, de bonnes institutions de crédit tendant à reporter le numéraire partout où il serait nécessaire, l'action de la liberté la plus complète s'exerçant sur tous les rapports des ouvriers avec ceux qui les emploient, les travailleurs étant enfin admis à tous les degrés de la représentation nationale, le sort de tous se trouvera fixé par la force des choses plutôt que par l'application de théories absolues. Le producteur pourra payer un salaire compatible avec le bien-être de l'ouvrier, et l'Etat n'aura plus qu'à s'occuper des chômages acccidentels, tout en mettant les salaires habituels de ses ouvriers en rapport avec ceux des ouvriers de l'industrie particulière. — Ainsi l'assemblée nationale acquittera la parole donnée aux travailleurs par le Gouvernement provisoire.

« L'Administration des départements doit évidemment perdre son caractère d'agence de corruption électorale et d'influence aristocratique, pour se borner à servir d'intermédiaire entre le pouvoir exécutif, dans sa légitime action sur tous les points de la France, et entre ces localités et le pouvoir, dans l'expression de leurs vœux et de leurs besoins.

« Le cercle des attributions et de l'indépendance des municipalités peut et doit s'élargir sans péril, pour la plus grande prospérité des villes et des communes, que la centralisation administrative laisse trop longtemps et trop souvent en souffrance.

« La liberté de l'enseignement sous la surveil-veillance tutélaire mais non inquisitoriale de l'Etat, ne saurait plus désormais faire l'objet d'un doute, non plus que les libertés de parler, d'écrire et de s'associer. »

Cette circulaire, dont les principes furent développés par Thourel dans diverses improvisations prononcées au Grand-Théâtre sur l'organisation de la République et les questions du travail, le fit accuser de modérantisme et ruina sa candidature.

Il ne s'en voua pas moins avec ardeur et désintéressement à la défense des causes politiques, à Toulon, à Draguignan, à Valence, etc. C'est dans cette dernière ville qu'il défendit avec tant d'éclat les accusés de l'insurrection de Marseille. Dans cette plaidoirie, il déploya toutes les ressources de son talent de jurisconsulte, de dialecticien et d'orateur politique au point que pas un habitant de cette ville n'en a perdu le souvenir.

Le lecteur nous saura gré de reproduire presque entièrement son exorde et le sommaire de la discussion dont il l'accompagna.

« Citoyens jurés, dit-il,

« C'est donc moi qui, dans l'ordre de ces débats solennels, suis appelé le premier à prendre la parole pour combattre cette accusation si laborieusement construite, mais si éloquemment soutenue par les organes successifs de la vindicte publique ; c'est donc à moi de soulever le premier le poids de cet immense fardeau. D'où vient qu'Atlas si faible, sous ce monde d'iniquités qu'on fait peser sur ce malheureux, je respire à l'aise ?... Ah! c'est qu'ici, je suis dans une atmosphère d'encouragements bienveillants, d'austère et impartiale attention, de chaleureuse confraternité, de confiance inspiratrice. — Sous cette voûte sacrée, que la religion prête à la justice, rayonnent la charité qui inspire les grands dévouements, la foi qui les rend robustes et forts, l'espérance qui les soutient et les encourage... Et ma parole faible deviendra puissante, car ma conscience me dit que j'aurai pour moi l'éloquence du vrai, la puissance du droit, l'autorité de la conviction (Sensation dans l'auditoire.— Les regards se portent sur les tableaux de religion qui décorent l'intérieur de l'enceinte et auxquels le défenseur a fait allusion. C'est dans une vaste église que la Cour d'assises est installée.)

« Mes premières paroles, je les veux, je les dois consacrer à définir, autrement et plus justement qu'on ne vient de le faire, la grande et belle mission que la société vous confie.

« Quel rôle étrange voudrait-on vous assigner ? Vous seriez appelés à défendre la société, à la venger, à faire de la justice exemplaire, utilitaire et politique ! ! !

« Défendre la société ? mais la défense, pour être légitime, implique l'idée de danger présent et personnel qui autorise à repousser la force par la force. Et vous en avez un grand exemple dans cette déplorable affaire. Les ouvriers se présentent la poitrine nue, le bras désarmé, la société se croit attaquée et elle se défend avec des baïonnettes ; les ouvriers recourent à quelques pierres instinctivement ramassées, la société se défend à coups de fusil ; et quand leur sang a coulé et que les ouvriers recourent au fusil, la société se défend à coups de canon et les écrase ; puis, elle porte ses morts au Panthéon, ceux du peuple elle les jette aux gémonies. Voilà l'œuvre et le droit de la défense légitime poussés au-delà de leurs extrêmes limites. Et c'est prostituer la justice que de vouloir l'associer à une défense réalisée, elle qui n'a à prononcer qu'en vertu du principe du juste et de l'injuste sur la valeur morale des actions des hommes, au nom du peuple et de la vérité.

« Non, la justice ne défend pas la société ; non, elle ne la venge pas, pas plus qu'elle ne doit se laisser entraîner par la pensée de devenir exemplaire. La justice exemplaire ! mais c'est l'affaire du bourreau, du pilori, de l'échafaud ! Allez sur ce théâtre, parlez là de justice exemplaire, d'utilité publique..... vous serez compris. Mais ici, dans ce prétoire de justice, toutes les intelligences et tous les cœurs vous seront fermés. La peine peut être exemplaire, la justice jamais !

« Voyez où cette étrange confusion, entre l'œuvre du Jury qui doit condamner ou absoudre, et celle du Juge qui doit appliquer la loi répressive, conduit l'accusation ! Ne sollicite-t-elle pas de vous un verdict de haute utilité ? Quoi ! dans notre société, avec nos mœurs, cela serait possible, concevable ? Il se réaliserait donc à nos yeux ce curieux spectacle de l'honneur, de la vie, de la liberté des citoyens, ces choses saintes et sacrées, en plein XIXe siècle, expropriés pour cause d'utilité publique ! (Assentiment.) Arrière une pareille doctrine ! (Vive sensation.)

« Fatale doctrine, en effet, qu'à bon droit le législateur a proscrite, lorsqu'il vous fait jurer de prononcer en votre âme et conscience, devant Dieu et devant les hommes, si oui ou non, l'accusé est coupable, sans vous préoccuper des conséquences pénales de votre verdict.

« On a voulu encore faire de cette accusation une affaire politique. L'on s'est mis en quête d'une justice politique, ce qu'il y a au monde de plus fâcheux et de plus funeste, et l'on a distrait les accusés de leur juges naturels.

« Pour arriver à ce résultat, on a invoqué les variations de l'opinion publique, le grand nombre de suffrages obtenus aux dernières élections parlementaires par l'opinion démocratique, etc., etc. d'où l'on a conclu qu'il ne fallait pas juger avec les jurés du pays parce qu'ils pensent de telle façon ! C'est ainsi que nous avons été amenés à l'honneur de paraître devant vous.

« Oh ! il y avait quelque chose de mieux que tous ces calculs, que toutes ces supputations de l'état des opinions à Marseille, c'était de suivre l'ordre naturel des juridictions. Quand un citoyen, sur les bancs que vous occupez, est appelé à représenter un peuple libre, à décider en son nom du sort de ses concitoyens, de ses frères, ... avant d'être l'homme d'un parti, il est l'homme de sa conscience; pas d'opinion en justice, pas d'hommes de parti, il n'y a que des juges, je n'y vois que des jurés.

« Quant à nous, si nous eussions été l'arbitre de la juridiction, nous n'en eussions pas voulu d'autre que celle du pays. C'était là notre théâtre, là devaient être nos juges, parce que ceux-là seuls pouvaient connaître les accusés, le véritable caractère et l'ensemble des faits sur lesquels roule l'accusation. (Approbation).

« C'est donc une préoccupation politique qui vous a investis.

« Cependant, chose étrange, on considère cette affaire tantôt comme politique, tantôt comme rentrant dans la classe ordinaire des crimes. C'est ainsi que les quatre organes du ministère public se sont successivement appliqués à faire descendre les accusés du piédestal sur lequel on leur reproche de se poser comme des hommes politiques. On veut bien les laisser sur ce piédestal quand on espère le convertir en pilori ou en échafaud, et on veut les en précipiter quand la pensée politique peut apporter quelques lumières et quelque intérêt sur leur innocence ou sur leur égarement. »

Me Thourel, abordant ensuite les généralités de la cause et répondant, dans cette partie de sa défense, au réquisitoire de M. le procureur général, continue ainsi :

« J'ai à rétablir le débat ;

« En réalité, citoyens jurés, c'est un monde nouveau dans lequel il faut que je vous introduise ; car, jusqu'à ce moment, la parole a été à l'accusation, et les tableaux qu'elle vous a tracés, les caractères qu'elle a esquissés, ce n'est pas la réalité des faits, je n'y trouve que leur fiction. Là où il n'y a eu qu'un malentendu funeste de la part des accusés, une difficulté inextricable du côté de l'autorité publique, enfin une fatalité de circonstances sans exemple, l'accusation a vu un attentat organisé, l'excitation à la guerre civile, que sais-je !....

« Eh bien ! c'est ce débat qu'il faut que je rétablisse.

« Mais auparavant, j'ai à répondre un mot sur un reproche fait aux accusés, et qui s'est reproduit à quatre fois dans les quatre réquisitoires que vous avez entendus, reproche banal autant qu'injuste, vieux comme la monarchie, usé comme elle.

« On vous a dit que les hommes que vous aviez à juger étaient les ennemis de l'ordre, de la propriété, de la famille.

« La propriété, de génération en génération, se forme et se déplace par le travail, et le travail c'est l'ordre. Le travail est une propriété relative, c'est celle de la plupart des accusés. Comment seraient-ils les ennemis de l'ordre puisqu'ils ne peuvent vivre que par le travail et que le travail est la garantie de l'ordre, qui à son tour le protége et le rend productif. Tout n'est pas encore fait pour eux, sans doute ! mais patience, chaque chose a son heure, chaque institution son moment. Le travail s'organise de jour en jour, il s'instituera... La propriété se démocratisera, et le travail passera à son tour à l'état de propriété, aussi inviolable et sacrée que toutes les autres. Ce ne sera plus ce travail stérile, humiliant, cette aumône du pouvoir distribuée sous forme d'ateliers nationaux, mais le travail sérieux, moral, honorable et assuré. Ah ! vienne bientôt le moment où il n'y aura plus sur le sol de notre patrie aucune fonction sans travail, aucun bras inoccupé, aucun labeur sans salaire. Travail, salaire, liberté, tels sont les trois termes du problème que le présent laisse à l'avenir le soin de concilier.

« La famille ! ces hommes en seraient ennemis ! Ah ! ce reproche a retenti dans leur cœur. « — Ce peuple n'est-il pas le plus intéressé à la conservation de la famille, à ses ineffables jouissances, à ses consolations infinies ? Ce travailleur courbé tout le jour sur la bêche ou sur le rabot, voudrait-il renoncer à trouver chez lui ces consolations domestiques dont le peuple a si bien le sentiment et le secret ? Portez vos regards sur cette masse d'accusés, choisissez au milieu d'eux, je défie qu'on y rencontre ce que l'accusation a appelé un ennemi de la famille.

« Tenez ! je choisis, parmi les 140 que l'accusation a jetés sur ces bancs, l'un des plus notoirement étourdis, ce fou de Job, grand enfant de dix-neuf ans.

« Le 22 juin, quand le sang venait de couler à flots, que l'irritation la plus fiévreuse agitait tous les esprits, Job est arrêté ; lui aussi était ivre de colère et d'indignation, et voici ce qu'il dit aux soldats qui l'entraînent : menez-moi ou vous voudrez, en prison, à l'échafaud, mais ne traversons pas cette rue, ma mère l'habite ! Prenez ! prenez ma vie, mais ne me condamnez pas à faire couler ses larmes. (Attendrissement général).

« Et voilà les hommes que l'on dit étrangers aux sentiments de famille !

« Ah ! n'insistez pas plus longtemps, vous heurteriez la conscience publique. Et ce que je dis de lui, de Job, je le dis de tous ces accusés, tous, oui tous ! (Vive adhésion sur les bancs des accusés, plusieurs versent des larmes.)

« Laissez dire les faux prophètes, citoyens jurés, laissez-les, sous la protection de la liberté, prêcher leurs doctrines que les apôtres du vrai combattront et détruiront dans ce qu'elles pourraient recéler de dogmatique, d'absolu et de faux, pour ne laisser debout, après ces loyales discussions, que ce qui est praticable et découle nécessairement de nos institutions républicaines. Et surtout ne les bâillonnez pas, car vous donneriez à leurs dogmes la consécration du martyre.

« Le peuple, le vrai peuple, et les accusés en font partie, ne peut être l'ennemi de l'ordre, de la propriété et de la famille. La vérité, mieux que la compression, a un langage qui parle constamment au cœur de l'homme, et ne lui permet pas de méconnaître les conditions essentielles de l'existence sociale. Nos meilleures, nos plus sûres garanties, sont au fond du cœur de tous, car, suivant la sublime expression du philosophe de Kœnigsberg, l'homme a le ciel étoilé sur la tête, et la loi morale dans le cœur. (Assentiment).

« J'avais besoin, citoyens jurés, d'écarter de la cause les considérations étrangères qu'y avait introduites l'accusation ; il me faut maintenant entrer dans la carrière des faits, sans demander pardon ni merci pour les accusés, ainsi que l'a pensé, à tort, le ministère public. Nous aurons à les justifier, il nous suffira de faire appel uniquement à votre justice et à votre impartialité.

« Disons seulement, et disons-le bien haut, dans ce désordre des esprits aux journées des 22 et 23 juin, dans cet égarement de tous, et des ouvriers et de toutes les autorités publiques; dans ces insurmontables embarras où l'on s'est rencontré sous l'empire d'une épouvantable fatalité plutôt que d'une volonté coupable, disons : « Que celui-là jette la première pierre aux autres qui se sentira sans péché. »

A la suite de cette belle introduction, où les événements des 22 et 23 juin étaient si habilement présentés dans leur généralité — Thourel fournit en deux audiences du même jour, de quatre heures chacune, une plaidoirie complète, où il traita tous les faits généraux, toutes les questions de droit criminel, et présenta la défense des trente-un principaux accusés, sans que la sonorité de son organe, la sûreté de son jugement et de sa mémoire, et l'inspiration oratoire, lui fissent défaut.

A son retour de Valence, il eut à plaider à Marseille pour le rédacteur en chef de *la Voix du Peuple* contre Tastet et divers journaux, ayant pour adversaires à la barre l'élite du barreau provençal, les Delaboulie, les Chanterac, les Hornbostel, et là il fut l'objet d'une véritable ovation, alors qu'hélas ! l'infortuné Lapommeraie, son client, agonisait sous l'étreinte du choléra, lui, que trois jours plus tard, dix mille citoyens devaient accompagner à sa dernière demeure.

Vers la même époque, Thourel, appartenant à la Cour d'Aix, alla présenter à la Cour 'Assises de Vaucluse la défense des jeunes gens de Cadenet, accusés de société secrète, et quelques-uns d'avoir tiré un coup de pistolet au commissaire de police. — Voici en quels termes le *Démocrate de Vaucluse* rendait compte des débats de cette affaire :

« Cette affaire aura un long retentissement « dans notre pays, tant par la vive réprobation « qu'elle a inspirée à tous les honnêtes gens pour « les procédés réactionnaires de ce temps-ci, que « par l'éloquente plaidoirie de Me Thourel.

« Combien nous regrettons que l'absence de « sténographes nous prive du bonheur de rendre « dans toute leur vérité les nombreux et drama- « tiques incidents de cette grande solennité judi- « ciaire ! De mémoire d'homme, l'enceinte de la « cour d'assises de Vaucluse n'avait retenti « d'aussi émouvants débats. Quiconque n'a pas « entendu Me Thourel n'a aucune idée de la puis- « sance de la parole sur les cœurs et les esprits. « Quoique le ministère public eût exercé cinq « ou six récusations, Me Thourel n'a voulu récu- « ser aucun des jurés. Le puissant orateur était « sûr d'arriver droit à leur raison à travers tous « leurs préjugés. Son discours, qui a duré plus « de trois heures, n'était point une plaidoirie, « c'était une sanglante flagellation exécutée, au « milieu de la foudre et des éclairs, sur le dos « flétri de la réaction, défendue par le ministère « public. Tout le monde, président, juges, jurés, « auditoire, était fasciné, haletant, sous cette « magnifique explosion de toutes les puissances « oratoires. Cinq fois des applaudissements fré-

« nétiques ont éclaté, et le président lui-même, « dans son résumé, n'a pu s'empêcher de rendre « une éclatante justice à l'admirable talent de « Me Thourel.

Entre temps il plaidait avec la même verve et le même succès l'affaire Bouisson à Digne, les nombreux procès de la *Voix du Peuple* à Aix, etc., il acquérait une grande autorité dans le sein du Conseil général du Var et se plaçait aux premiers rangs de ses coreligionnaires politiques.

Impliqué dans l'affaire dite du complot de Lyon, il dut, après un long emprisonnement préventif, comparaître devant le conseil de guerre avec ses cinquante-six coaccusés.

Son attitude ferme, digne et loyale, y fut remarquée. On sait que les accusés prirent la résolution de ne pas se défendre, Thourel y adhéra, mais au moment où le président lui posa la question ordinaire, s'il n'avait rien à dire, Thourel se leva et, d'une voix énergique et solennelle, il adressa au conseil cette fière allocution que nous prenons dans les journaux du temps.

« Un sentiment profond et partagé a rendu « muette la voix éloquente et amie qui devait « me défendre, je me tairai donc. Je n'en suis « pas moins convaincu qu'en hommes indépen- « dants et libres, dont la conscience ne relève pas « de l'état de siége, vous vous souviendrez en ce « moment solennel que toute justice émane de « Dieu, et que vous la rendez au nom du peuple « souverain, sous les drapeaux de la Répu- « blique !!! »

Ces paroles produisirent un effet indescriptible, et le souvenir en est resté vivace dans la population lyonnaise.

Réinscrit au tableau de l'ordre le 30 décembre 1862, Thourel, sans ressentiment comme sans faiblesse, reprit sa place à la barre dans les affaires politiques, et nous le trouvons à Draguignan, assis au banc de la défense, où il était appelé par les démocrates de la Garde-Frainet, Pons, Bual, etc., accusés d'abus de confiance et de tentative d'incendie devant la juridiction correctionnelle et devant les assises.

Tous les accusés, dont la plupart avaient été ramenés d'Afrique où ils subissaient la transportation, furent acquittés par le tribunal et par le jury. On assure que Thourel se surpassa dans sa double plaidoirie, mais elle n'a pas été recueillie, et il n'en est resté dans le souvenir des auditeurs qu'une seule phrase bien hardie pour l'époque à laquelle elle a été prononcée, — un avocat du pays nous l'a donnée.

M. l'avocat général, discutant les statuts de la société des Bouchonniers, fondée et administrée par les accusés, s'était élevé avec force contre l'épigraphe : liberté, égalité, fraternité.

Dans sa réplique, Thourel, après avoir lavé ses clients des reproches violents et des accusations injustes dont ils étaient les objets, s'écria : « Pourquoi donc s'est-on élevé avec tant de « passion et de sévérité contre la devise répu- « blicaine : liberté, égalité, fraternité ? Est-ce « parce qu'elle a été adoptée par des hommes

« égarés qui n'en comprenaient pas la portée et la « sainteté, et en faisaient abus? Quel est le pro- « gramme politique qui n'ait pas été le prétexte « de déplorables erreurs. Quant à cette devise, « on a pu l'effacer des drapeaux de la France, « on la retrouvera toujours dans l'Evangile et « dans le cœur du peuple. »

Les applaudissements couvrirent la voix de l'orateur.

Qu'ajouterions-nous maintenant qui n'ait été pensé, dit et écrit sur l'avocat politique et le tribun?

VI

Fils et frère de magistrats du rang le plus élevé, Thourel avait une belle et facile carrière à parcourir, grâce à son éducation et à ses facultés natives. — L'ardeur de son imagination, son caractère indépendant, aventureux, et ses opinions avancées l'en détournèrent et lui firent une vie des plus tourmentées. — Ses essais malheureux dans d'autres genres et la persistance trop sérieuse qu'eussent exigée de nouveaux travaux historiques — après son *Histoire de Genève*, — le ramenèrent au professorat et au barreau qui étaient sa véritable vocation et auxquels il dut de suprêmes consolations, partout et toujours de légitimes succès et les moyens de sortir triomphant des positions les plus difficiles, mais sans jamais lui permettre d'atteindre le but connu de son ambition... la tribune nationale.

Quand on ne connaît pas parfaitement Thourel, on s'explique difficilement ses déceptions à cet endroit.

Notre impitoyable lanterne nous permet de pénétrer ces obscurités et d'y répandre une lumière peut-être indiscrète, mais à coup sûr vive et franche.

Thourel est doué d'un caractère ouvert et expansif jusqu'à l'imprudence, confiant et sympathique jusqu'à la naïveté.

Il manque de cette volonté robuste et persistante qui caractérise les médiocrités ambitieuses.

Il est complétement dépourvu de cet esprit de suite, de réserve, de ménagements et d'intrigue qui, indépendamment du mérite, des principes et de l'aptitude du sujet, est presque toujours en province une condition indispensable du succès des candidatures.

On lui reproche — non sans raison — d'être impatient de la contradiction, sensible à la flatterie, jaloux d'imposer ses opinions et désireux de faire reconnaître sa supériorité.

De là vient que malgré ses aptitudes tribunitiennes, la sûreté de ses convictions et son immense popularité, il a deux fois échoué en 1848 et 1862, et échouerait encore en 1869, si, presque septuagénaire alors, il commettait la faute de se présenter une troisième fois au suffrage des électeurs.

Qu'il ne se plaigne pas, sa part est assez belle.

Il jouit de l'estime publique. Ses travaux lui ont acquis une position de fortune indépendante; il s'est fait au barreau méridional une position éminente et exceptionnelle comme jurisconsulte et comme orateur; chacun honore son caractère politique; enfin, nul ne conteste l'importance et la valeur de son zèle et de ses services dans les conseils de la cité. (1)

S'il fait un retour sur lui-même, il sera forcé de reconnaître la justesse de nos dernières critiques et les pardonnera à

DIOGÈNE.

(1) La publication du résumé du procès-verbal des séances du conseil municipal nous dispense de citer les divers discours qu'il y a prononcés depuis trois ans et qui l'y ont placé aux premiers rangs. Nous rappellerons seulement deux de ses rapports imprimés aux frais de la cité : le premier sur la nouvelle estimation des valeurs locatives et le rachat des côtes mobilières les plus faibles ; le second, sur la créance de la ville contre l'Etat à l'occasion de l'opération du Lazaret, œuvres sérieuses et d'une grande portée.

On cite encore son rapport inédit à la suite duquel, sur son initiative, le conseil a fondé une chaire d'économie politique.

On annonce que Thourel va faire quelques conférences publiques sur cette matière. Le public sera donc appelé à apprécier son talent sous ce nouvel aspect.

TABLE

FIN.

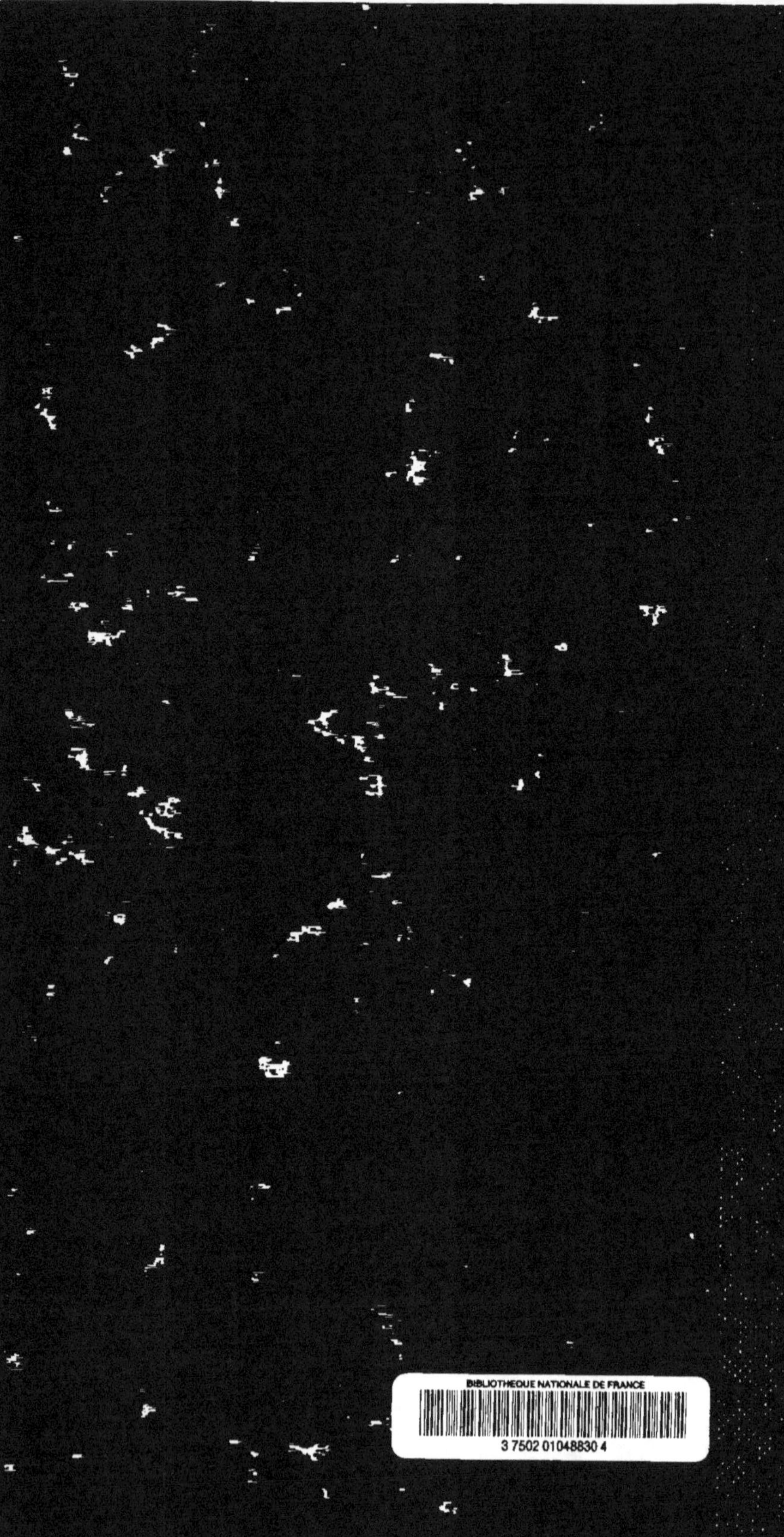

www.ingramcontent.com/pod-product-compliance
Lightning Source LLC
LaVergne TN
LVHW020352230826
846091LV00003B/1076
9782011752420